早期儿童STEM教育丛书

幼儿STEM教育
课程与教学指引

周淑惠 著

南京师范大学出版社

图书在版编目(CIP)数据

幼儿STEM教育:课程与教学指引/周淑惠著. — 南京:南京师范大学出版社,2021.3(2023.9重印)
(早期儿童STEM教育丛书)
ISBN 978-7-5651-4835-4

Ⅰ. ①幼… Ⅱ. ①周… Ⅲ. ①学前教育—教学研究 Ⅳ. ①G612

中国版本图书馆CIP数据核字(2021)第054554号

丛 书 名	早期儿童STEM教育丛书
书　　名	幼儿STEM教育——课程与教学指引
作　　者	周淑惠
责任编辑	官军燕
出版发行	南京师范大学出版社
地　　址	江苏省南京市玄武区后宰门西村9号(邮编:210016)
电　　话	(025)83598919(总编办)　83598412(营销部)　83598312(邮购部)
网　　址	http://press.njnu.edu.cn
电子信箱	nspzbb@njnu.edu.cn
照　　排	南京凯建文化发展有限公司
印　　刷	兴化印刷有限责任公司
开　　本	787毫米×960毫米　1/16
印　　张	14
字　　数	221千
版　　次	2021年3月第1版　2023年9月第2次印刷
书　　号	ISBN 978-7-5651-4835-4
定　　价	60.00元
出 版 人	张　鹏

南京师大版图书若有印装问题请与销售商调换
版权所有　侵犯必究

序　言

　　每写一本书都是在日夜拼命、呕心沥血。2017年撰写《面向21世纪的幼儿教育:探究取向主题课程》时,就宣称其为敝人此生的最后一本著作,无料在与时俱进之自我成长要求下,仍无法停笔,陆续出版两本书,现又完成此书。这些著作均与"幼儿STEM教育"或多或少相关,此乃因为STEM教育为当前世界各国大量挹注经费与大力推展的教育政策,而且也延伸至幼儿教育,身为幼儿教育学者的我自然必须投入其中。

　　这本书《幼儿STEM教育——课程与教学指引》秉承数年来对STEM教育的关注、文献分析与耕耘,从2019年初就开始构思大纲并着手撰写,在四处奔波讲学中一有空暇就投入阅读、分析与撰写工作,再经最后约两个月的闭关日夜力拼,终于完成。书中整理了幼儿STEM教育的相关文献,综合敝人的机构参访、教学与辅导以及工作坊相关经验,提出"幼儿STEM教育课程架构",在此架构上强调幼儿STEM教育的软件与硬件基础,并且解说课程应如何设计与实施,此外还佐以鲜活的课程实例作为对照,包含STEM探究主题与STEM探究活动,对于有经验的主题课程教师或想了解幼儿STEM教育的入门者,确实有所帮助。

　　本书最为特别之处是不仅有理论也有课程实例,相互辉映。第六章课程实施实例的前三节分别有三个STEM探究主题(由一个主题脉络统整所有探究活动),由我的硕士研究生且获教学卓越金质奖的大庄小学附幼李如滢园长主笔,经我审修而成。内容叙述的是她班上近年来所实施的课程。第四节则呈现了数个STEM探究活动,针对新手STEM教师,希望他们能从一星期一两个活动开始渐进实施;这些活动是由研究生们——罗华珍、刘以心、杨于萱、童美薇与张雅岚五人所共同设计并于大庄附幼试教,经笔者翻修教案与整理多元试教资料撰写而成。

感谢大庄附幼的大力支持,李如滢园长及罗华珍等五位硕士研究生的辛苦投入,让本书增色不少。本书得以完成除感谢以上数位外,最要感谢我的家人,尤其是我的先生李文政的体恤,分担家中大小事;此外还要感谢南京师范大学出版社徐益民副社长的协助与官军燕编辑的辛苦校编。最后以此书献给我的母亲!

淑惠　书于新竹中城
2018 年中秋月夜

CONTENTS 目 录

第一章 幼儿 STEM 教育之基本认识 ··· 001
　第一节 幼儿 STEM 教育之涵义与现况 ································· 002
　　一、STEM 教育的涵义 ··· 002
　　二、STEM 教育现况 ·· 004
　第二节 幼儿 STEM 教育之时代性与定位 ······························ 009
　　一、幼儿 STEM 教育之时代性 ·· 009
　　二、幼儿 STEM 教育之定位 ··· 011

第二章 幼儿 STEM 教育之软硬件基础 ····································· 016
　第一节 幼儿 STEM 教育之软硬件基础——缘由 ····················· 017
　　一、软硬件基础之由来 ··· 017
　　二、软硬件基础之内涵考虑 ··· 018
　第二节 幼儿 STEM 教育之硬件基础——STEM 探索物理环境
　　　　 ··· 021
　　一、户内 STEM 探索物理环境 ·· 021
　　二、户外 STEM 探索物理环境 ·· 030
　　三、小结 ··· 036
　第三节 幼儿 STEM 教育之软件基础——探究取向主题课程 ······ 037

一、探究取向主题课程的意涵 ······································· 037
二、探究取向主题课程与 STEM 教育的密切关系 ············· 038
三、探究取向主题课程的设计 ····································· 042
四、小结 ··· 047

第三章　幼儿 STEM 教育之课程架构与类型 ····················· 048
第一节　幼儿 STEM 教育之课程架构 ····························· 049
一、课程架构之思考与形塑 ·· 049
二、课程架构之构成内涵 ··· 055
第二节　幼儿 STEM 教育之课程类型 ····························· 059
一、幼儿 STEM 教育之课程分类考虑 ···························· 059
二、幼儿 STEM 教育之课程类别说明 ···························· 060

第四章　幼儿 STEM 教育之课程设计与实施原则 ··············· 065
第一节　幼儿 STEM 教育之课程设计原则 ······················· 066
一、设计原则——三步骤与三要素 ······························· 066
二、STEM 探究活动之设计说明 ··································· 070
三、STEM 探究主题之设计说明 ··································· 074
第二节　幼儿 STEM 教育之课程实施原则 ······················· 081
一、幼儿层面——体验以探究为核心之"设计、制作、精进"历程
　　··· 081
二、教师层面——运作以评量为核心之"探究、鹰架、表征"循环历程
　　··· 084

第五章　幼儿 STEM 教育之课程设计示例 ························ 088
第一节　幼儿 STEM 探究主题与活动之设计示例 ············· 089
一、"怀旧的中华文化"主题 ······································ 090
二、"好用的绳子"主题 ·· 095
三、"一纸神功"主题 ··· 100

  四、小结 …………………………………………………………… 106
第二节 以绘本情境设计幼儿 STEM 探究活动示例 ……………… 107
  一、坊间绘本资源与其可运用问题或挑战 ……………………… 107
  二、以绘本情境设计 STEM 探究活动示例 ……………………… 111

第六章 幼儿 STEM 教育之课程实施实例 ……………………… 115

第一节 STEM 探究主题——水的乐园"水道工程师"课程纪实
  …………………………………………………………………… 117
  一、主题课程缘起 ………………………………………………… 117
  二、主题概念网络活动图 ………………………………………… 117
  三、课程发展脉络 ………………………………………………… 119
  四、课程纪实 ……………………………………………………… 119
  五、课程实施结果与教学省思 …………………………………… 126
  六、课程实施中的困难与解决策略 ……………………………… 128

第二节 STEM 探究主题——米粉达人"我的米粉工厂"课程纪实
  …………………………………………………………………… 130
  一、主题课程缘起 ………………………………………………… 130
  二、主题概念网络活动图 ………………………………………… 131
  三、课程发展脉络 ………………………………………………… 133
  四、课程纪实 ……………………………………………………… 133
  五、课程实施结果与教学省思 …………………………………… 143
  六、课程实施中的困难与解决策略 ……………………………… 146

第三节 STEM 探究主题——薰衣草的工作室"水通过的摩天轮"课程
  纪实
  …………………………………………………………………… 148
  一、主题课程缘起 ………………………………………………… 148
  二、主题概念网络活动图 ………………………………………… 148
  三、课程发展脉络 ………………………………………………… 152
  四、课程纪实 ……………………………………………………… 152

五、课程实施结果与教学省思 …………………………………… 168
　　六、课程实施中的困难与解决策略 ……………………………… 171
　第四节　幼儿STEM探究活动纪实 ………………………………… 173
　　一、如何制作舞龙？ ……………………………………………… 173
　　二、古老轿子大创作！ …………………………………………… 176
　　三、我会做安全围网！ …………………………………………… 179
　　四、如何搭建绳索小屋？ ………………………………………… 182
　　五、我是机器人！ ………………………………………………… 185
　　六、如何制作卷轴故事架？ ……………………………………… 188
　　七、小结 …………………………………………………………… 191

第七章　幼儿STEM教育之省思与结论 ……………………………… 193
　第一节　幼儿STEM教育之挑战与因应 …………………………… 194
　　一、挑战 …………………………………………………………… 194
　　二、因应 …………………………………………………………… 197
　第二节　幼儿STEM教育之结论 …………………………………… 199
　　一、STEM教育在当代与幼儿教育中之重要定位 ……………… 199
　　二、STEM教育奠基于软硬件基础——探究取向主题课程、
　　　　STEM探索物理环境 ………………………………………… 199
　　三、STEM教育可资参照的课程架构 …………………………… 200
　　四、STEM教育之课程设计三步骤与三要素 …………………… 201
　　五、STEM教育之课程实施指导原则 …………………………… 201
　　六、当前STEM教育之挑战与因应 ……………………………… 202

参考文献 ………………………………………………………………… 203
后记 ……………………………………………………………………… 212

第一章
幼儿 STEM 教育之基本认识

  本章第一节主要探讨综合了英文单词 Science（科学）、Technology（技术）、Engineering（工程）与 Mathematics（数学）第一个字母的 STEM 教育的涵义与现行实施状况；第二节则探讨 STEM 教育的时代性与定位。第一章具有开宗明义作用，也就是明确提出 STEM 教育定义与现行实施概况，以促进理解，并借现况检视进而澄清似是而非的观点与疑惑；以及论述其于当代与未来为何如此重要和阐明它在教育上的定位，也就是解说实施的时代必要性与教育的合理性，以激发认同与行动意愿。本章"基本认识"也开启了本书各章之重要论述，包括幼儿 STEM 教育的基础、课程架构与类型、课程设计与实施原则、课程设计与实施实例等。

第一节　幼儿 STEM 教育之涵义与现况

多数人认同幼儿 STEM 教育为面对未来时代之重要教育方式,然而对它的实施方式看法不一:根据美国拜比(Bybee,2013)的研究,STEM 教育在四学科的整合方面有多元面貌,如 STEM 等于科学或数学、STEM 等于四个分离的学科、STEM 意为被技术或工程连接的数学与科学等;根据中国的调查显示,STEM 教育教学形式确实多元,多通过各类科技竞赛、文化节、主题日等活动来开展,或者以小学、初中科学课程为载体来开展(中国 STEM 教育研究中心,2019)。如上所述,相信有很多人对 STEM 教育到底是什么、要如何实施感到困惑。举例而言,幼儿园在园门展示可爱的机器人,园里有专用教室展现 3D 打印机、平板电脑、插电与编程玩教具等,各班教室内都配备一台机器人;或是各班开展大量材料包式的科学实验活动;甚至是劳师动众、穷其精力举办 STEM 相关嘉年华活动,您认为这是实施 STEM 教育吗?

一、STEM 教育的涵义

研究者曾综合相关文献(张俊、张蓓蕾,2016;Englehart, Mitchell, Albers-Biddle, Jennings-Towle, & Forestieri, 2016; Krajcik & Delen, 2017; Moonmaw, 2013; National Research Council, 2013; NAE & NRC, 2014; Zan, 2016),提出 STEM 教育的涵义为:针对生活中的问题,透过工程的设计、制作与精进的核心活动,以为课程与教学主轴,历程中整合运用科学与科学探究、数学与数学思考、技术与工具等,以产生制作物且解决实际的问题(周淑惠,2018a,2018b)。在此定义中,核心活动与主要历程是工程,它是 STEM 学习的触媒,提供了各领域内容的理想整合工具(Kelly & Knowles, 2016)。诚如美国工程研究院(National Academy of Engineering, NAE)与国家研究委员会(National Research Council, NRC, 2014)所言,工程既是设计与创造人造产物的一个知识体系,也是解决问题的一个历程,它运用了科学、数学及技术工具的概念;而工程师是运用创造力与数学、科学知识致力于解决社会需求问题的人(Stone-MacDonald, Wendell, Douglass, & Love, 2015),可见工程在本质上就具有跨学科领域特性,自然具有统整 STEM 诸学科的作用,无怪乎它是 STEM 教育的核心。

笔者深深认同摩尔和史密斯(Moore & Smith, 2014)之言:有质量、统整的 STEM 经验是让学生投入与个人关联的工程设计的挑战,使其能从错误中学习与重新设计;整合的 STEM 教育是努力结合科学、技术、工程与数学等学科领域,使其成一个课堂单元;更精细言之,它是指学生通过参与工程设计的途径以发展相关技术,这些技术则需借整合与运用数学与(或)科学而有意义地习得。凯利和诺里斯(Kelly & Knowles, 2016)也呼应"工程设计是提供各领域内容的理想整合工具"的观点,透过 STEM 学习将所有学科置于平等位阶而整合,即提出一个具有四个协调运作滑轮譬喻的 STEM 教育概念架构,来说明四领域的整合:运用滑轮系统举起"情境化的 STEM 学习"重物,这四个滑轮上下分别是科学探究、工程设计,中间由上而下是技术素养、数学思考。

以上笔者的定义也揭示了 STEM 教育的起点或切入点——解决生活中的问题或满足生活中的需求,位居 STEM 教育核心的工程活动,始于一个问题,在考虑各种解决方案后,测试其是否可行以及如何精进它们(Englehart, Mitchell, Albers-Biddle, Jennings-Towle, & Forestieri, 2016);或是为满足人类的需求与愿望,以一个系统的与经常是替代的方式,去设计物体、程序与系统(NRC, 2009: 49)。可以说,解决生活中的问题或满足生活中的需求是 STEM 教育的重要起点或切入点,而为了培养幼儿解决生活问题的能力,有些 STEM 课程还运用绘本情境或透过假想情境来传递问题与挑战,本书将于第三章课程架构处叙述。值得注意的是,在解决问题的历程中,我们必须探究其因与理并测试其果,因此 STEM 教育的关键元素即为科学探究(Barbre, 2017),STEM 课程的设计通常以科学探究为重点(Moonmaw, 2013)。

综上所述,STEM 教育的起点或目标是解决生活中的问题或满足生活中的需求,STEM 教育的核心历程是工程活动,STEM 教育的方法是探究,因此 STEM 教育的四个特征是:面对生活真实问题之"解决问题取向",运用探究能力以求知与理解之"探究取向",依赖设计、制作与精进的"工程活动",运用科学、数学、技术等领域之"统整性课程"(周淑惠,2018a,2018b)。其实这四个特征也可作为 STEM 课程设计之依归,形同评量 STEM 课程的四个具体指标。

根据以上 STEM 教育定义与特征,幼儿园在园门展示可爱的机器人,园里的专用教室也展现 3D 打印机、平板电脑、插电与编程玩教具等,甚至是各班教室内都配备一部机器人,这无疑是展现 STEM 教育中的科技方面,但是若幼儿没有实际地运用这些科技产品解决问题,以产生制作物或形成特定效果,并在解决问题过程中自然整合各学科领域,则并不属于本书所定义的 STEM 教育。又如各班大量开展材料包式的科学实验活动,若仅涉及 STEM 教育中的科学方面而未整合其他学科领域,也非本书所定义的 STEM 教育。至于举办 STEM 嘉年华式的展览或表演活动,固然可将成果让家长、社会大众知道,但重点要看在平日的课程与教学中,这些活动是如何进行的。例如,有让幼儿面对生活、游戏中的问题,运用探究力并历经工程制作程序加以解决吗?

二、STEM 教育现况

以上研究者所提出的以工程活动为核心,且具解决问题、探究与统整课程四项特征之 STEM 教育定义,是较为严谨的定义,着重透过工程程序而自然整合各领域,一般学界也多持整合的 STEM 教育观(Bybee,2013;English,2016;Kelly & Knowles,2016;Moore & Smith,2014;Nadelson & Seifert,2017;NAE & NRC,2014;Strimel & Grubbs,2016)。然而坊间 STEM 教育普遍的现象或样貌又是怎样的?笔者查询文献时发现其具多元样貌,例如通常只代表一个学科,即科学一科(English,2016);或科学与数学凌驾于其他两个学科,很少关注到技术与工程(Bybee,2010;Kelly & Knowles,2016;Strimel & Grubbs,2016),这似乎与本书定义有些距离。

拜比(Bybee,2013)根据文献与现状,综合整理出当前坊间 STEM 教育的几种整合概况,并伴随通俗的譬喻以利理解,笔者觉得非常写实,有助于大家检视自己所实施的 STEM 教育:① STEM 等于科学(或数学),即单一学科(有如以为森林生态系统是一棵树);② STEM 意味着科学与数学,即分立的双学科(有如筒仓与空洞);③ STEM 意味着纳入技术、工程或数学的科学(有如家里有需要时可用的独立房间);④ STEM 等于四个分立的学科(有如四个筒仓);⑤ STEM 意味着被科技或工程连接的数学与科学(有如一个商场中主要店家连接其他店);⑥ STEM 意味着学科间的协调(有如造房时在承包商间协调资源);⑦ STEM 意味着两三个学科的结合(有如结合两三个旧产品创造一个新产品);⑧ STEM 意味着学科间的互补性重叠(有如一个汽车制造工厂);⑨ STEM 意味着一个跨学科课程(有如音乐家一起演奏的四重奏)(以上 9 种整合状况如图 1-1-1a~i 所示)。

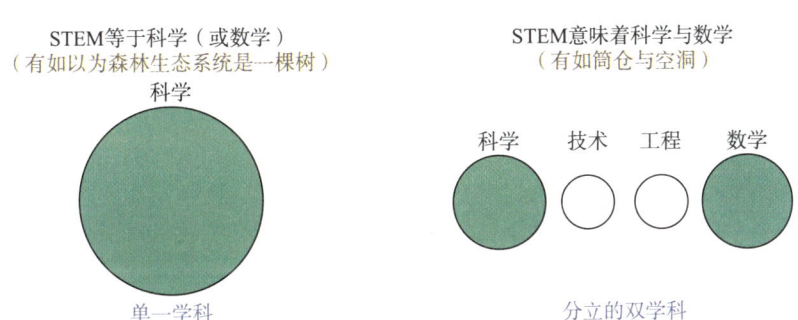

图 1-1-1a~b　STEM 教育整合概况 1、2
数据源:出自拜比(Bybee, 2013:74-77)

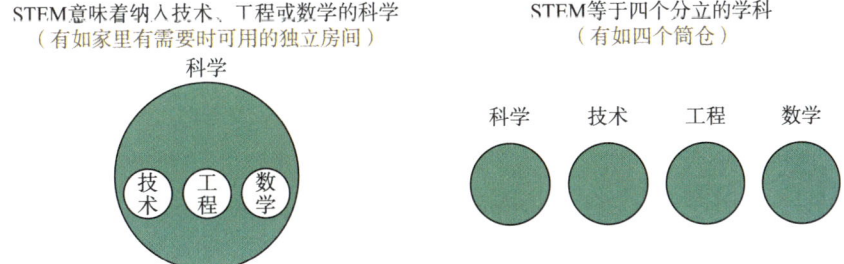

图 1-1-1c~d　STEM 教育整合概况 3、4
数据源:出自拜比(Bybee, 2013:74-77)

STEM意味着被科技或工程连接的数学与科学　　STEM意味着学科间的协调
（有如一个商场中主要店家连接其他店）　　　（有如造房时在承包商间协调资源）

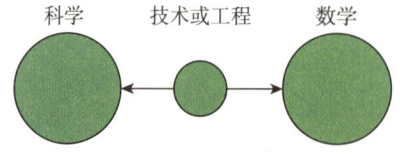　　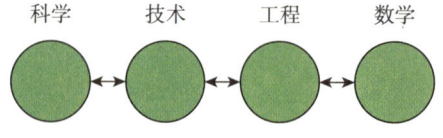

数学与科学是透过技术或　　　　穿越学科界线协调概念、程序与资源
工程而连结，如以项目方案连接　　如在数学课强调的概念与知能可能在工程课也需要

图1-1-1e~f　STEM教育整合概况5、6
数据源：出自拜比(Bybee,2013:74-77)

STEM意味着两三个学科的结合　　　STEM意味着学科间的互补性重叠
（有如结合两三个旧产品创造一个新产品）　　（有如一个汽车制造工厂）

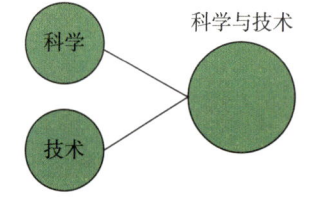　　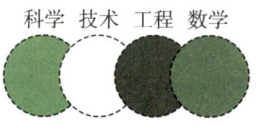

创造一个科学与技术两学科同等强调的新学科　　透过重叠与顺序整合学科
如学生探究问题是透过重叠的学科而进展着

图1-1-1g~h　STEM教育整合概况7、8
数据源：出自拜比(Bybee,2013:74-77)

STEM意味着一个跨学科课程
（有如音乐家一起演奏的四重奏）

STEM
科学　技术　工程　数学

如"永续社会"跨学科课程

图1-1-1i　STEM教育整合概况9
数据源：出自拜比(Bybee,2013:74-77)

虽然拜比提出当前STEM教育不同的整合观点与现象,不过,他似乎较赞同多个学科整合。鉴于美国各州、区、校多有STEM教育,但是各自的深度与质量不一,于是拜比提出改善STEM教育做法,就是借由协调、互补、相关、连接不同学科领域间的概念、程序、主题等,以迈向整合之道。学科领域的整合可以是两个学科、三个学科或所有四个学科,拜比将之称为STEM 2.0、STEM 3.0、STEM 4.0。既有STEM 2.0、3.0、4.0之分,显见拜比较为赞同更多学科的整合。

在幼教现场,STEM教育之面貌也是多元的,不仅STEM各领域间之整合状况迥异,在教学上也不尽相同,例如美国的赛利(Selly,2017)指出,坊间STEM教育之具体做法不太一致,从只是针对STEM某一特殊内容进行每星期一至两小时的课堂,或者是插入式的强化专班,到有意连接STEM所有学科领域内容与实务的完全整合式课程;在澳大利亚也发现,虽然很多学前机构都实施STEM教育,但是有关STEM教育的教学实务与教学法彼此互不相同(Campbell, Speldewinde, Howitt, & MacDanald, 2018)。此外,幼教机构与教师们的实施阶段也有所不同,例如在美国幼教现场,有的是想融入STEM但不知如何做,有的是已经在教室中做了一些STEM但还想做更多,还有一种是重点在呈现整合的STEM教学实务且正在寻找做得更好的方法(Linder, Emerson, Heffron, Shevlin, & Vest, 2016)。

至于在中国台湾虽然并没有正式、有系统地提倡STEM教育(林坤谊,2018),但是STEM教育的主要精神乃为探究,所以在理论上切实奉行以探究为主旨的《幼儿园教保活动课程大纲》的幼儿园,或实施具探究性与统整性的"探究取向主题课程"的幼儿园,应离STEM教育不远。确实,当前为数极少标榜STEM教育的幼儿园,大都是力行"探究取向主题课程"的幼儿园,例如研究者曾分析幼儿园探究取向主题课程实例,发现幼儿在游戏与探究历程中充分运用诸领域知能,解决相关问题并产生相关制作物,整个课程充满了STEM经验(周淑惠,2017a,2017b,2018a)。不过笔者发现,同样强调探究且标榜STEM的幼儿园,在园本课程下,各有其特色。我们以为台湾2019年开始实施的12年教育提供STEM教育的发展空间与契机,让幼儿STEM教育有望向上衔接,必将吸引更多幼儿园的投入。

的确,有关STEM教育如何实施,或几个学科领域间应如何整合,存有广泛疑惑,学者间的看法也不太一致,例如穆莫(Moomaw,2013)就认为,只要有两个学科领域有意图地整合,那个活动就可算是幼儿STEM活动。研究者则持多领域尽量整合观点,不过在实施上主张稳扎稳打、逐步实施,因为课程转型、创新非一蹴而就,教师们也都习于分科教学惯于主导,因此需渐进徐行方能真正落实。我们可持此严谨定义为目标,分阶段逐渐将STEM教育落实于幼儿园现场,如瓦斯圭兹(Vasquez,2015)所言:教与学应有如斜面般向上渐进地整合,在斜面最底下是"分科教学",斜面最高处则是与方案(项目)教学或问题解决教学有关的"跨学科"STEM教育,即借由解决现实世界的问题或方案,学生运用两个或多个学科知能以形成学习经验;在渐进而上过程中也有两种组织STEM课程的方式,一是"多元学科",一是"科际整合"(图1-1-2)。具体言之,如果大家习惯从科学、数学着手,那么先试行两个领域的整合,即科学与工程、数学与工程等,再逐渐增加到多领域的整合境界,不过重点在于这些活动应该是以解决生活中问题为导向。

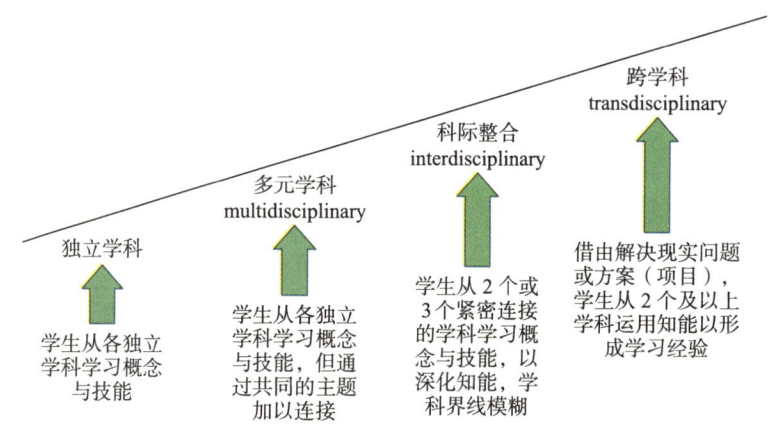

图1-1-2 渐进的STEM整合
数据源:出自瓦斯圭兹(Vasquez,2015:10-15)

第二节　幼儿 STEM 教育之时代性与定位

本节主要探讨 STEM 教育的时代意义,说明为何在当代必须实施 STEM 教育,以及论述它在幼儿教育上的定位,显示其在教育上的重大意义,借其在社会生活与教育上的重要性与合理性,以开启本书《幼儿 STEM 教育:课程与教学指引》各章议题之探讨,并期望能发挥抛砖引玉效果,激发更多的试行意愿与研究思路。

一、幼儿 STEM 教育之时代性

目前 STEM 教育中两项重要理念是强调探究性与统整性,而探究与统整精神也是台湾教育部门(2017)所颁发《幼儿园教保活动课程大纲》的基本理念,例如:"幼儿天生喜欢游戏,在游戏中自发地探索、操弄与发现。""本课程大纲内涵……划分为……六大领域……以统整方式实施。"(第四页),并在该大纲实施通则(第八页)中指出,"……让幼儿得以自主的探索、操弄与学习。"特别值得一提的是,自 2019 年开始,台湾推动 12 年教育,提供了着重科学、技术、工程与数学整合的"STEM 教育"的发展契机与空间,因为 12 年教育之三大核心素养之一即为自主行动,且课程新设科技领域,并在省定课程(领域学习)外增加校定课程(弹性学习),可跨领域实施统整性主题/专题/议题探究课程等多元形式(方朝郁,2018;朱佩祯、曾淑惠,2018)。此举让幼儿阶段的 STEM 教育可向上衔接与发展,形成连续一贯性的教育,所以本书探讨幼儿 STEM 教育自然具有时代意义与重要性。

STEM 教育最早源起于美国,乃因其学子数学等学科落后于世界评比,故而强化这些理工领域学科,而目前已成为全球各国的教育政策与趋势,为了应对人工智能时代与增强国力及竞争力,各国都制定教育政策与投入大量经费推广实施,例如美国、英国、澳大利亚、中国等。在此特别说明的是,在 STEM 教育提倡之后,有学者主张在 STEM 外,加入人文艺术(Arts, A),形成"STEAM",例如兰德(Land, 2013)、苏萨和皮莱茨基(Sousa & Pilecki,

2013)等人；也有主张再加入阅读（Reading, R），形成"STREAM"。笔者认为，幼儿教育一向重视涵盖各领域的全人教育，若要特意加入任一领域于STEM一词中，实在有太多学科领域要加入，故仍使用STEM教育以响应这一教育政策之提倡初衷，但衷心主张的是强调各领域整合即全人发展的幼儿STEM教育。换句话说，依大陆指南与台湾课纲探究与统整精神的"探究取向主题课程"是各领域都重视的，在原有课程基础上只要稍加强化S、T、E、M等领域即非常接近STEM教育，所以笔者仍持STEM一词而非STEAM、STREAM等。重要的是，STEM教育已经延伸至学前幼儿阶段，自小培养STEM素养已被各国列为重要教育政策。以下举各国之例说明之，首先是STEM教育起源地的美国。

自从2013年美国国家研究委员会（National Research Council, NRC, 2013）颁布《下一代科学教育标准》（*Next Generation Science Standards, NGSS*），将工程设计思维等纳入科学教育，确立了STEM教育在学校的地位后，2016年美国教育部又发布《STEM 2026：STEM教育创新的一个愿景》报告，提出八大挑战任务，明确地指出从幼儿时期就要开展STEM教育，即将STEM教育融入既有幼儿教育体系中（US Department of Education, 2016），接着与健康及人类服务部共同提供幼儿STEM资源——《让我们说、读、唱STEM》给一般家庭与教育者，以支持学前时期STEM教育（https://www.acf.hhs.gov/ecd/learning-about-stem）。事实上，STEM教育也确实落实在学前教育机构，甚至婴幼儿中心，如以收托0—6岁婴幼儿闻名的加州理工大学儿童中心（Children's Center at CALTEC）。

澳大利亚政府也将STEM教育向下延伸至学前阶段，教育与训练部于2015年规划了数字学习数据库《学习潜能》（Learning Potential），涵盖婴儿到高中阶段，有网络版与手机APP版（https://www.learningpotential.gov.au/），鼓励从婴儿6个月起就以游戏方式接触STEM教育（https://www.learning potential.gov.au/ encouraging-stem-in-littlies-its-easy）。2019年还正式推动长达五年的幼儿STEM教育计划——概念性游戏实验室（Conceptual PlayLab），此计划获大量资金支持，由澳大利亚莫奈什大学教授玛瑞莲·弗里尔（Marilyn Fleer）基于大量研究所发展，目标是建立一个以游戏与想象为基础的幼儿 STEM 概念并能推广至全球的"概念性游戏世界模型"（The Conceptual Play World Model）（https://www.monash.edu/conceptual-play-world/home）。其实更早前尚有由教育部资助、堪培拉大学发展的澳大利亚幼儿学习 STEM 方案，简称 ELSA（Early Learning STEM Australia），是以游戏为基础的学前幼儿探索 STEM 的数字学习方案（Logan, Lowrie, & Bateup, 2017）。

二、幼儿 STEM 教育之定位

承上所述，各国已将 STEM 教育向下延伸至学前甚至是婴幼儿阶段，然而为何于幼儿阶段提倡实施 STEM 教育，它有何重要性？在幼儿教育上有何重要位置？笔者主要是从三个方面切入思考，一是考虑未来时代的特性与能力需求，二是着眼幼儿阶段的特性，三是幼儿 STEM 教育实施的可行性（周淑惠，2018b）。之所以由此三方面考虑是因为，当今的幼儿将成为未来的公民，培养幼儿具备未来时代所需能力，已成为当今教育的重点；而幼儿 STEM 教育的实施对象与课程主体是幼儿，了解幼儿阶段的发展与学习特性，实乃必要；最重要的是，要有研究支持 STEM 教育在幼儿阶段是可行的，方具意义。兹分析如下。

（一）考虑未来时代特性及能力需求

STEM 各领域与人类生活密切相关，整部人类历史即是高度依赖 STEM 诸学科领域的创造发明史，例如每日居住的房屋建筑涉及结构力学、材料科学等（科学），面积、体积、承重量、测量与计算等（数学），计算机绘图与计算、防震科技、高空作业机具与绿建筑科技等（技术），以及工程的设计、建筑自身（工程）。可想而知，未来人工智能当道的社会，将会更为依赖 STEM 各领域知能。而实际上，根据调查，未来 5—10 年间，有 75% 快速成长的职业将需要 STEM 相关技能与经验（Chubb, 2013），可以说，对 STEM 劳工的需求进入了一个全球性短缺的爆炸性阶段（Marrero, Gunning, & Germain-Williams, 2014）。

人工智能（Artificial Intelligence，AI）社会的特性是高速变迁与动荡不安，许多工作将被人工智能取代，职业与工作势必重组与洗牌，职场工作愈发困难,例如数百员工的工厂成为机器手臂操作的无人工厂。我们必须审思人工智能无法做到之事及如何与其合作,以探索与开创各种可能性工作,因此创造、探究、合作能力成为急迫需要的时代能力,此观点亦为文献所支持。笔者曾综合联合国教科文组织(United Nations, Educational, Scientific and Cultural Organization, UNESCO, 1996)之"四大学习支柱"——求知、学会做事、学会共生、学会发展,美国"21世纪技能联盟"(Partnership for 21st Century Skills)之21世纪人才核心能力架构中之"学习与创新4C能力"——批判思考与问题解决(Critical thinking & problem solving)、创造力与创新(Creativity & innovation)、沟通(Communication)、合作(Collaboration)(http://www.p21.org/storage/documents/docs/P21_framework_0816.pdf),以及笔者针对未来所提出之所需培育人才——求知人、应变人、地球人、科技人、民主人、完整人(周淑惠,2006),归纳出"探究力""创造力"与"合作共构力"为未来社会所需之三大能力(周淑惠,2017a,2018a)。

很重要的是,任何课程的发展与决定必须基于哲学、心理学、社会学、历史学四个基础考虑(欧用生,1993;Ornstein & Hunkins, 2017),社会需求与考虑便是其中要考虑的重要方面。针对上述未来人工智能社会所需三大能力,笔者认为STEM教育正可培养此三种能力:因为STEM教育乃以"探究"为主要精神(周淑惠,2017a,2018a;Barbre, 2017;Moomaw, 2013),其核心活动——运用工程设计产生制作物,即是一个强调"合作"的"创造"生产历程,而在创造的历程中,个体必须运用"探究"能力搜集资料、寻求原因与测试以期解决问题,着实符合未来时代的三项能力需求。例如笔者曾分析充满STEM精神与要素的"探究取向主题课程",发现2—6岁孩子在历程中展现惊人的探究能力与创造能力,且充分流露工程设计思维(周淑惠,2017a, 2017b, 2018a)。然而人的能力不是一天就能形成的,从幼儿阶段开始实施STEM教育以培养这三大能力,自有其重大意义(周淑惠,2017b,2018b;张晓琪,2009;Barbre, 2017;McClure, Guernsey, Clements, Bales, Nichols, Kendall-Taylor, & Levine, 2017;Zan, 2016),在此人工智能当道时代,势在必行。

(二) 着眼幼儿阶段特性

幼儿天性好奇且幼儿阶段是大脑发展关键期,顺应其好奇探究特性与利用大脑发展关键期优势，实施以探究为主要精神、工程为核心活动的 STEM 教育，可以发展幼儿对 STEM 诸领域的兴趣与能力，为未来学习奠定基础。

1. 顺应好奇天性

初生婴儿即试图运用其感官探索周遭的人与物，8 个月左右开始会爬，继而会走时，最显著的特征便是运用多元感官到处探索，急欲了解周遭世界并试图用行动验证以发现答案；接着在语言能力萌生激发认知后，在好奇心驱使下，总有问不完的问题。课程发展与决定的四个基础中，首要考虑的是心理学基础，符合教学对象的发展与特性，因此，在婴幼儿时期即开展 STEM 教育，符合婴幼儿好奇天性与一探究竟的需求，实为极其自然之务。

研究者极为认同詹恩(Zan，2016)所言，STEM 经验缘起于孩子出生，当其观察与投入周遭环境之时，因此正式的 STEM 教育应始于婴幼儿时期；因为每日基于好奇的感官探索经验，提供学习事物物理特性的基础，为 STEM 打下根基(Barbre，2017)。诚如赛利(Selly，2017)所言，所有的孩子有探索、提问、创造、验证与寻求自然规律的倾向，这些特征与 STEM 学习的固有心智习惯是相关的。因此作为幼教工作者，要以日常语言开始思考 STEM，其实会发现这些课程并不是新的，它们很久以前就存在，而且到处皆是(Sharapan，2012)。

2. 利用大脑发展关键期

脑科学方面的研究明确指出，在最初几年里，每一秒钟有多于百万新的脑神经连接形成，在急速增生后并经修剪程序，让复杂的神经通路得以有效运作；而且早期的经验决定了脑发展的质量，早期阶段的投入比后期的补救，要来得有效(Gonzalez-Mena & Eyer，2018; National Scientific Council on the Developing Child，2007)。换言之，从出生到 5 岁是大脑发展的最关键时期，专注于婴幼儿时期的教育是值得的，况且婴幼儿本就具有好奇心，所以在此关键期投入 STEM 探究教育，为未来打下基础与兴趣，是最适合不过的。

(三) 确信幼儿 STEM 实施可行性

提倡以工程设计活动实现 STEM 教育的史东-麦当劳、文德莱、道格拉斯和乐夫 Stone-Macdonald, Wendell, Douglass, & Love, 2015)指出,学前幼儿、学步儿,甚至婴儿都是个小工程师,在解决工程设计问题的复杂活动中,显现许多基本能力。麦克陆尔等人的研究也指出,即使在 1 岁阶段,当婴儿看到一些出乎其意料的事,也会测试其预想想法(McClure, 2017; McClure et al., 2017),犹如小科学家。斯塔尔和菲格森(Stahl & Feigenson)当着 11 个月大婴儿的面展示玩具车,将它从桌边掉下又浮上来,这个婴儿观察这辆奇怪的车要比一般正常运行的车还要久,并试着去探索,即用自己的手把玩具车丢下去(引自 McClure, 2017)。无怪乎麦克陆尔等人主张 STEM 教育宜尽早开始。

研究的确证实幼儿 STEM 教育是合宜的,它可让幼儿积极投入活动、使用 STEM 语汇与分享,因此宜将 STEM 学习经验引入幼儿教室(Tippett & Milford, 2017),它可强化幼儿对学习 STEM 能力的自信、触发对 STEM 的欣赏(Campbell, Speldewinde, Howitt, & MacDanald, 2018)。而且也有越来越多的专门著作针对学前幼儿阶段的 STEM 教育,例如笔者的《具 STEM 精神之幼儿探究课程纪实》,兰奇、布伦尼曼和曼诺(Lange, Brenneman, & Mano, 2019)的《学前教室中之 STEM 教学》,希罗曼(Heroman, 2017)的《运用 STEM 制作与修补:幼儿解决设计上的挑战》,穆莫(Moomaw, 2013)的《幼儿 STEM 教学:整合科学、技术、工程、数学的活动》,史东-麦当劳(Stone-Macdonald)等人的《让小小工程师专注投入:透过 STEM 教导解决问题能力》,康赛尔、埃斯卡拉达、盖肯、桑德、乌伦格、范·米特伦、吉泽明步和詹恩(Counsell, Escalada, Geiken, Sander, Uhlenberg, Van Meeteren, Yoshizawa, & Zan, 2016)的《幼儿 STEM 学习:斜坡与路径探究教学》,巴伯瑞(Barbre, 2017)的《婴幼儿迈向 STEM:婴儿与学步儿科学、技术、工程、数学活动》等,比比皆是。

综上所述,STEM 教育符合幼儿天性与未来时代所需,且于幼儿阶段验证可行,当前许多国家已从幼儿阶段开始落实 STEM 教育,因此它的定位与重要性显而易见。可惜的是,我们经常发现,婴幼儿的好奇心在小学或更高阶段已被无趣与灌输式的学校教育消磨殆尽。笔者坚信:知识与学习是日积月累非一蹴而就的,且诚如兰奇等人(Lange et al., 2019)所言:幼儿有能力,也应有机会去思考、谈论、阅读与动手做 STEM,因此为及早培养幼儿对 STEM 的兴趣、态度、知能,以开启 STEM 大门,宜自幼开始实施 STEM 教育(周淑惠,2017b,2018b;张晓琪,2019;Barbre,2017;McClure et al.,2017;Zan,2016)。总之,充分利用婴幼儿大脑神经蓬勃发展关键期与此时之好奇天性,将 STEM 探究精神与实务延伸至学前婴幼儿阶段,以培育适应未来 AI 时代能力需求的公民,是当务之急。

第二章
幼儿 STEM 教育之软硬件基础

　　承上章对 STEM 教育之明确解说,本章旨在论述幼儿 STEM 教育之软硬件基础。而软硬件基础则基于婴幼儿 STEM 教育之心理与物理基础,软件指架构于亲密互动关系心理基础之上的"探究取向主题课程",硬件指架构于安全、健康且丰富环境物理基础之上的"STEM 探索物理环境"。幼儿 STEM 教育软硬件基础铺垫了 STEM 教育根基,也是开展幼儿 STEM 教育之重要支撑结构。因此,本章共分三节,第一节首先介绍软硬件基础的缘由,第二节则介绍硬件基础"STEM 探索物理环境",第三节则介绍软件基础"探究取向主题课程"。

第一节　幼儿 STEM 教育之软硬件基础——缘由

幼儿 STEM 教育之软硬件基础铺垫 STEM 教育之根基及支撑 STEM 教育之开展,本节旨在探讨幼儿 STEM 教育软硬件基础之缘由,含软硬件基础之由来与软硬件基础之内涵考虑,亦即软硬件基础是怎么发展而来的,以及为何以 STEM 探索物理环境为硬件基础、以探究取向主题课程为软件基础。

一、软硬件基础之由来

针对婴幼儿 STEM 教育,笔者曾提出两个教保基础:心理基础(亲密互动的关系)与物理基础(安全、健康且丰富的环境)。亲密互动关系之基本信念是"保育与作息即课程",是指日常保育与作息中强调亲密互动以建立依恋关系,作为当下教育之有效场域及平日对外探索之安全堡垒,它是支持婴幼儿探索与学习之心理基础。安全、健康且丰富的环境之基本信念是"游戏与探索即课程",幼儿的生活重要内涵就是游戏,在游戏中探索着,也在探索中游戏着,不仅建构相关知识,也对各方面发展有所裨益,所以拥有一个安全、健康且丰富的环境让婴幼儿游戏、探索,就显得尤为重要,可以说它是支持婴幼儿探索与学习的物理基础(周淑惠,2018b)。有兴趣的读者可参见笔者的《婴幼儿 STEM 教育与教保实务》。

综上,在有如安全堡垒的心理支持下与触发场域的物理激励下,幼儿才能安心且非常投入于游戏与探究中,接受丰富环境的激励与启示。若再加上教师的鹰架引导等其他教保通则的助力,实现 STEM 教育的目标,指日可待,如图 2-1-1 所示(周淑惠,2018b)。

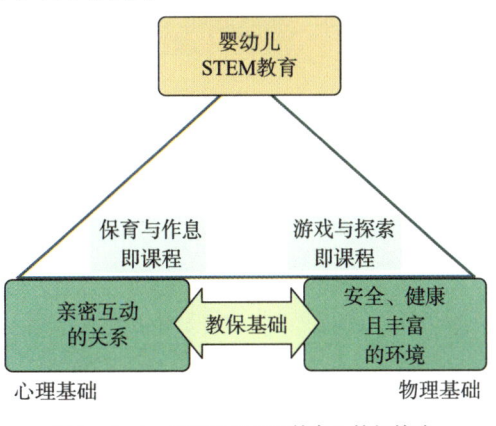

图 2-1-1　婴幼儿 STEM 教育之教保基础

当幼儿迈入2岁幼儿阶段时,无论是在课程层面或是在环境层面,均须配合其成长所需,加以适度调整,使其超越"保育与作息即课程""游戏与探索即课程"层次,向上跃进发展,以铺垫幼儿STEM教育。首先在硬件物理基础上,仍要持续营造安全、健康且丰富的环境,但要设法强化使之趋向STEM探索的物理环境,如图2-1-2三角形框内右下角浅绿色框所示,将在下节详述如何使物理环境具有STEM探索特性。在心理基础上,仍要持续在日常作息中维系亲密互动关系,以支持幼儿的探索与学习,不过在软件基础上要明显地以主题统整各领域的学习,朝向探究取向主题课程,如图2-1-2三角形框内左下角浅绿色框所示,将在本章第三节详述。总而言之,幼儿STEM教育的软硬件基础(STEM探索物理环境、探究取向主题课程)建立在0—2岁婴幼儿时期的心理与物理基础之上(亲密互动的关系,安全、健康且丰富的环境)。

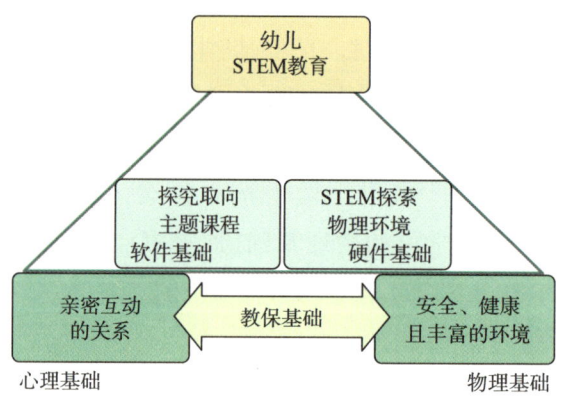

图2-1-2　幼儿STEM教育之软硬件基础

二、软硬件基础之内涵考虑

幼儿的发展是连续的,幼儿STEM教育软硬件基础乃奠基于幼儿时期的心理与物理基础,加以向上延伸与精进的,它不但提供幼儿STEM教育的发展根基,也提供了幼儿STEM教育的发展架构与路径。至于为何以探究取向主题课程为软件基础及以STEM探索物理环境为硬件基础,说明如下。

首先就软件基础而言,STEM教育之主要精神为探究并强调学科领域间的整合,幼教界很早就重视不同领域间统整及提倡探究教学(Linder et al.,2016),可以说是实施 STEM 教育的有利场域。笔者研究与推展幼教课程的多年经验确实证明统整与探究教学是实施 STEM 教育的有利场域:早年即申请台湾科学委员会计划,将观察、查找数据、记录、比较、推论、验证、沟通等"科学程序能力"(Scientific Process Skills,即探究能力)运用于幼儿园主题课程,并发表成果专著《幼儿园课程与教学:探究取向主题课程》,简称"主题探究课程"(周淑惠,2006)。其后历经数年在幼教现场辅导,持续于此类课程的行动研究与发表(周淑惠,2017a),并且发现真正落实探究精神的主题探究课程其实充满了丰富的 STEM 经验,因为幼儿在探究某一问题时,确实运用了探究能力与相关知能;同时为了解决探究中问题,也历经设计、制作与精进的工程历程并自然产生成果,使得科学概念、数学知能、相关技术等学科领域自然易于汇合统整,课程充满 STEM 教育的重要特征(周淑惠,2017a,2017b,2018a)。

值得一提的是,同样基于典型科学探究程序,且以感兴趣问题(主题)为幼儿深入探究之始的"方案教学"(Project approach,项目教学),其创始者利莲·凯兹(LiLian Katz)也分析了方案课程实例,显示方案教学为 STEM 经验提供良好的平台,方案探究即 STEM 经验,它与 STEM 教育息息相关(Katz,2010)。此外,研究者也分析了具有探究精神的其他以主题整合的课程,例如瑞吉欧课程"小鸟乐园"(周淑惠,2006),为了让幼儿园附近公园的小鸟快乐生活,幼儿在多方探究与调整下,自制可真正喷出水的各式喷泉、水车等制作物,实现了让公园俨如小鸟乐园的愿望,其亦具有 STEM 教育成分。总而言之,具探究精神的幼儿主题课程是幼儿 STEM 教育之重要切入平台(将于第三节更清楚分析二者间密切关系),所以以其为实施幼儿 STEM 教育的基础,是极其明确之道。

其次就硬件基础而论,幼儿的环境首要考虑安全、健康且丰富,使其可安心探索、游戏,奠定幼儿 STEM 教育的基础,到了 2 岁后的幼儿时期,为了延伸游戏与探索便于实施具综合特性的 STEM 教育,则要在原本安全、健康且丰富的基础上强化其 STEM 探索性。具体而言,在户内外环境中,必须具有丰富的科学、数学、工程、技术等元素,让幼儿自然濡染并探索,包含自然的环境、人为的环境与半自然的环境以及所涉及之相关教玩具,即做到"环境STEM化",让幼儿徜徉其中,可探索、操作、游戏、转换等,从中创造产生相关制作物,以解决问题并建构知识。如果环境顺利STEM化,幼儿可在户内外探索与创造,环境充满探索氛围也有利于铺垫主题探究课程,最后更容易实现幼儿STEM教育。

笔者在辅导幼儿园进行STEM教育时,即以此软硬件基础为参照,首先帮助幼儿园将物理环境转换为具STEM探索特性的物理环境,环境有如第三位教师,当幼儿受到环境的激发显出浓厚的探索兴趣时,也会鼓舞教师投入,且有利于主题探究课程之着根。继而协助幼儿园逐渐转型课程,使之朝向探究与统整性,即主题探究课程,转型历程中则鼓励教师先由个别的探究活动开始尝试,并使之趋向以制作物解决问题的STEM探究活动,再逐渐进展至以主题脉络统整之探究课程。在主题探究课程氛围与情境下,则易于落实幼儿STEM教育。

第二节　幼儿 STEM 教育之硬件基础——STEM 探索物理环境

幼儿 STEM 教育的首要基础是 STEM 探索物理环境的建立，"环境会说话"会引发符合该环境之合宜行为，在此则为探索行为，有利于主题探究课程软件基础之着根。无论是户内外的自然、人为、半自然环境，均要做到能让幼儿投入 STEM 探索，它建立在婴幼儿期安全、健康且丰富的环境之上。本节分别探讨户内与户外 STEM 探索环境要如何规划或形塑。重要的是，户内或户外环境在规划时，都要先做到游戏探索、多元变化、社会互动、弹性潜能、温馨美感与健康安全等六项幼儿学习环境的规划通则（周淑惠，2018c），才能达到安全、健康且丰富的基本要求。在此不加赘述，直接论述户内外 STEM 探索物理环境。

一、户内 STEM 探索物理环境

户内 STEM 探索物理环境主要是指各班活动室所设置的"区角"，其次是建筑物内或半户外的公共区域，包括接待大厅，入园转换空间（由于都市地区受限空间，许多幼儿园的入园转换空间在建筑物内），廊道（建筑物内或半户外）等，均可加以 STEM 探索化。

（一）各班活动室区角之规划

实施幼儿 STEM 教育的必要室内空间规划是各班活动室内的各个区角空间。区角（或称学习区、角落、兴趣区、兴趣中心）是一个自我帮助（Self-help）的环境，它回应幼儿游戏探索的"个别差异性"（每位幼儿表现均不同）与"内在个别差异性"（每位幼儿在一天内各时段在不同地点表现均不同），这些差异包含三方面：① 学习类型——探索建构、精熟练习、好奇观察与解决问题；② 社会接触——独自游戏、合作游戏与平行游戏；③ 指导方式——自我指导、合作指导、平行指导、他人指导（Day，1983）。正因为区角可让幼儿依照个别需求与个体当下兴趣的差异，自由选择任一区角与玩教具游戏探索，所以它的教师主导性相对低于团体或分组活动，是任何实施开

放教育幼儿园的必要条件，更是实施探究取向主题课程幼儿园的必要配置，当然也是实施幼儿 STEM 教育的首要室内空间规划。

活动室区角是多元的，通常有积木建构区、戏剧扮演区、图书区、科学探究区、益智操作区、创作美工区等；而为了让幼儿有情绪抒发或独处空间，可另外设置隐秘小区或情绪小区；当然还可设置木工区、音乐区等，完全视各班活动室整体空间状况（坐落、面积大小、格局、形状、出入口、水源处、储藏空间等），幼儿人数与需求（年龄层、特质、兴趣、能力等），课程需求（主题课程、欲鼓励之游戏行为等），经费与资源，教师专长与兴趣等各班需求统整规划（田育芬，1987；周淑惠，2018c）。区角的设计原则为：做整体性多元区域规划、依同邻异分配置原则、示明确界线与内涵、设流畅动线、具综览视线、重安全考虑、创弹性可变设计、应情境布置（周淑惠，2018c）。总而言之，教师依据以上这些设计原则并考虑各班实际状况，做活动室区角整体性规划。

而为了更具 STEM 探索性，除了让每个区角都有一些 STEM 元素外，即涉及科学、数学、技术与工程层面的探索，例如丰富与多元材料的积木建构区可建盖高楼、斜坡道、桥梁等，重思考与操作的益智操作区具齿轮、坡轨组装与编织等操作活动，也可以专设一个 STEM 探究区，或与科学探究区适度结合，显现 STEM 探索特性，或是融入创作美工区、木工区等区角。重要的是各区角内的玩教材要丰富多元，并且具有 STEM 探索特性，就此考虑，区角玩教材大致可分为三大类——各类玩教具、供探究及制作的工具与材料、运用科学原理的自制玩教具，分别说明于下。

1. 各类玩教具

各类玩教具大致包含三个类别——一般性、编程、运用 AR 与插电玩教具。

一般性玩教具

一般玩教具大致包含以下二类：

（1）各类建构性积木

建构性积木的种类多元，如单位积木、乐高积木、德国 LASY 积木、法国 KAPLA 积木、套锁积木、大凹型积木等，操作方式有的直接在地面或桌面堆栈、连接或套合，也有的可镶嵌于大片墙面上以类似简单卡榫结构般套卡或磁吸原理般吸合建构。这些积木式样与材质多元，均是人类智慧的结晶，可让幼儿体验 STEM"技术"产物层面；它们可供幼儿建构各种喜爱造型，甚至是建筑物、船舰、桥梁等，涉及 STEM"工程"制作层面；同时也涉及"数学"层面，例如单位积木有 2 倍块、4 倍块、8 倍块，当某一块积木没有时，可用其他积木取代（如 1 个 4 倍块等于 2 个 2 倍块）；而搭建平衡稳固的结构体则涉及"科学"原理的重心、平衡等（周淑惠，2018a）。所以不要小看建构性积木对幼儿 STEM 教育的价值。

（2）涉及科学原理的教具

指坊间市售的齿轮组、坡轨组、磁力组、电路组等运用科学原理的玩教具，均涉及探究、组装，完成一制作物或产生一效果，是很棒的 STEM 玩教具；而以上这些玩教具可以放在桌面、地板（毯）上操作，也可以安装在墙面或区角隔柜背面，让幼儿一面探究，一面创意操作与组装。不过现在很多的市售建构积木甚至也结合科学原理于其中，实在很难划分属于哪一类玩教具，例如有的乐高建构积木与齿轮、轮轴、滑轮、杠杆等结合，可以组装成可移动的机械、车辆或上下左右输送的载物结构等，幼儿必须自己探究并进行工程组装产生制作物。又例如结合镜子与塑料积木的镜面探索大积木，不仅可以组装建构结构体如供幼儿躲藏的游戏小屋，而且可以探索光的反射现象；还有些建构片（棒）甚至结合磁力，成为磁力建构片（棒），让平面造型瞬间转变为立体结构，也可轻松解构立体，理解几何图形的关系。

编程玩教具

编程即编写程式，幼儿下简单的程式指令，让玩教具跟随指令而动作或产生某一效果，无疑是人类智慧产物（技术），对空间与方位推理思考、顺序、计数、逻辑思考等认知方面的发展颇有帮助（Bers, 2017; Kazakoff & Bers, 2014），它涉及数学、工程、技术、科学等方面，是很棒的 STEM 教具。市面上有趣的编程玩教具很多，有的用图像符号下指令，也有的用不同颜色下指令。适合幼儿玩的编程玩教具大多以动物形象出现，在其背上有向前走、向右弯、向左弯等简单图像符号指令键，以及附有一盘面供该动物依照指令反应或行走其上；若要该动物去某一目的地，幼儿须先思考在动物背上按下一连串的指令，然后放手让它出发，看它是否能到目的地，以判别指令下达正确与否,若错误则须重新修改指令,诸如老鼠机器人(吃干酪)(Robot Mouse)、蜜蜂机器人(Bee Bot)、多节毛虫编码(Code-a-Pillar)(毛虫的每节上有一个指令键,幼儿须将各节指令排序即链接成毛虫)等玩教具。

此外,也有的编程玩教具将指令选择或操作键置于遥控器、手机或平板电脑中,如蜜蜂机器人晋升版蓝色机器人(Blue Bot)之最高阶玩法,就是通过平板电脑操作指令,使蓝色机器人有所动作;再如乐高进阶版Lego boost把传统乐高积木超越拼接建构乐趣,变成可编程特性,即可在平板电脑上操控机器人的动作、声音等。甚至有专门的计算机软件如Scratch Jr.,它是一个可免费下载的软件,供幼儿在计算机上操作指令图像编写故事情节或游戏,可使屏幕上的角色移动、跳跃、跳舞、唱歌等,幼儿在历程中可以学习如何解决问题并发挥创意去设计(https://www.scratchjr.org/about/info)。

编程玩教具通常与计算机科技结合,被称为插电玩教具,然而也有学者主张不使用计算机教计算机科学,即所谓不插电(Computer Science unplugged, CS unplugged),是以活动方式学习计算机如何运作(Bell, Witten, & Fellows, 2016)。事实上市售产品有以桌游形式教授学前幼儿编程的机器跑跑龟(Robot Turtles),以卡片排序来下达指令,然后在方格纸板盘面上依指令以手动的人工方式游戏。笔者在STEM工作坊中曾进行此类自制编程桌游(图2-2-1),甚至也改良成大型编程地游(图2-2-2),在大小肢体的运动中伴随着空间推理、数学、顺序、逻辑等思考的学习。编程桌游、地游均可创意自制,易于落地实施,如果幼儿园经费有限,又想发展幼儿的编程思维与能力,这不失为一个很好的选择。

图2-2-1 编程桌游

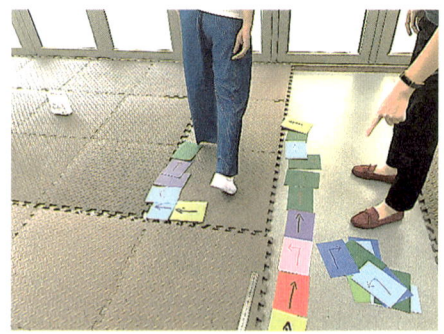

图2-2-2 编程地游

运用 AR 与插电玩教具

运用计算机媒介的玩教具种类也很多，除以上编程玩教具外，运用扩增实境（Augmented Reality）原理（简称 AR）的产品，是其中很流行的一种，它是在使用者的现实世界叠加数位创建的内容。读者比较熟悉的是一些服饰商家在顾客看中某件衣服时，可以不用在身上不断地穿脱试穿，即可从镜面影像中观察到那件衣服在自己身上的穿着效果，方便顾客选择购买。市面上也有很多的绘本读物、卡片，只要通过平板电脑或手机 APP，书中的动植物或物体就可以产生一系列动作或特殊效果，如生长高大、转动方向、跳离原来位置、出现拖曳痕迹、钻过实心物体、由上坠落等，例如手机中的"好饿的毛毛虫"APP 便是一个例子。

运用 AR 玩教具可以引发学习动机，例如幼儿在积木区建构一座动物园，发觉没有动物入住，遂运用平板电脑中的 AR 软件让图片中的动物活生生地出现在他搭建的动物园中，使游戏增色不少。不过笔者更看重的是幼儿面对问题设法去解决，例如想到用黏土捏塑成各种动物，或从娃娃家、益智角教具盒中暂时借用，或运用便捷的 3D 打印笔制作。当然也有其他类型的插电玩教具，重要的是，有些事物、现象直接可以从现实实物中观察到或觉察到，不一定要从平板电脑或计算机中看到结果。例如笔者曾见过七巧板操作游戏，其实拼组是否成功从七巧板实体或图纸中立即观察可见，没有必要通过计算机或平板电脑去观看结果，若为插电而插电，认为这样才能与科技接轨，则是迷思概念，因为幼儿的学习应是尽量具体而直接的。重要的是，幼儿把这些运用计算机的玩教具当成"解决问题"的工具，例如前面用积木盖动物园的例子，若幼儿能想到运用 3D 打印机（如果有便于幼儿操作的类型，或运用 STEM 工作坊曾使用的便捷的 3D 打印笔），在探究中完成打印各种大小动物并放置于动物园中，让游戏更为丰富，就是一个解决游戏中问题的良好例子。

2. 供探究及制作的工具与材料

探究的工具

探究的工具主要供幼儿进行 STEM 探究时所用，主要有以下几种：

(1) 计算机、平板电脑与手机

此三种工具是幼儿探究过程中必须使用的工具,用来查询数据或了解相关原理。例如,幼儿想用积木盖一栋创意的楼房,却苦思不出如何展现创意,于是运用平板电脑找出世界各大奇特或创意建筑,以供建盖时参考;再如幼儿想要陀螺转得又快又久,想了解陀螺是如何运作的,于是搜寻计算机中的图片或影片,以资理解;又比如手机有照相功能,可将各阶段探究结果保存,以供前后比较或统整,也是探究的好工具;此外,现在手机上的一些APP亦可满足幼儿探究之需,例如在户外探索时发现小虫或不知名植物,就可运用识别类的APP加以查询。总而言之,计算机、平板电脑与手机这三种探究工具在实施STEM教育的幼儿教室中,是必须具备的,若能加上投影机,则幼儿各阶段探究结果均可随时投影,加以讨论、比较与作结论。

(2) 录音工具

是指在观察时可用来记录当时状况的录音工具,以供事后回溯探讨。有方便的手表式、录音夹子(可夹纸质观察记录)、录音夹板(本身是夹板,兼录音功能,可一面观察一面进行书面与录音记录)、录音卡(本身就是一张大型卡板,可供画图并擦拭,且可录音记录)、录音簿册(可一页页装入文书记录与录音记录)、录音公文包(可手提的多格设计,可插入不同图卡并录音记录)等。

(3) 观察且记录(录音、录像)工具

现在有很多市售的观察工具,具有录音记录功能,例如可变色光桌、放大镜、望远镜等,不仅可观察,又可同时记录观察心得,以供事后回溯研讨;此外,也有可录像的显微镜,可将视频等实时传输到计算机,以供分析与比较。

(4) 其他探究工具

其他有利于幼儿探究的工具,例如昆虫箱、水族箱、培养皿等有利幼儿观察之用,磁铁、磁铁棒有利幼儿探究磁力现象及了解物体的属性,手电筒、天平、卷尺、漏斗、滴管等有利幼儿探究时之观察、比较、沟通、验证之用等。

制作的工具与材料

(1) 制作的工具

制作的工具从幼儿园常用的剪刀、美工刀、白胶、胶带、双面胶等,到较不常用的铁锤、板锯、线锯、手摇钻、固定器、热熔枪、木头胶、滑轮等,甚至也包括电动线锯(裁切弧形)、电钻、护目镜等;此外,市面上的 3D 打印笔可以简易操作制作出各种立体实物,在笔者的 STEM 工作坊经常被用到。

(2) 制作的材料

制作的材料包括从一般的黏土、纸张、塑楞板、毛根、棒冰棍等,到较不常用的木板、木条、铁片、铝片、铁丝、铝线、牙签等;有时磁铁也是很好的制作材料,如磁铁雕创作、磁铁画。此外,回收材料也是 STEM 教育经常用到的,例如纸杯、纸盘、纸卷、纸箱、矿泉水瓶、铝罐、线轴、竹签、木箱、塑料桶、零碎布料、线绳、吸管等,可以作为解决问题之用,创作出很棒的制作物。例如积木区高速公路需要大卡车,就可用大型桶装水桶、CD 片等做出一辆;娃娃家医院扮演需要挂号柜台,就用纸箱堆叠连接而成,卷动的纸卷则当柜台上方的号码显示机;或者加以组装制作产生特定效果,如运用剖半的纸卷在网格上组装成可溜弹珠的"坡轨",运用毛线在网格上陈列可织成形式花样的"编织墙"等。

3. 运用科学原理的自制玩教具

运用各种科学原理与幼儿一起制作的玩教具,不仅是 STEM 区角合宜的探索玩教具,也是 STEM 探究活动的成果,举例说明如下。

磁力原理

运用磁力原理尤其是"穿透力"带动附有磁铁或铁器之物,可以制作许多教具,种类包含手眼协调、配对与趣味性游戏等,例如靠磁铁棒操作有助于手眼协调的"迷宫竞走"、"S 弯道赛车"、"大河赛船"、"成虫与幼虫配对"、"钓鱼游戏"、偶可自由移动的"戏偶台"等。其实磁铁价格便宜,可大量购买让幼儿体验相斥相吸、穿透力现象,最重要的是教师可与幼儿共同思考、发挥创造力以制作成各种玩教具,是很有吸引力的 STEM 探究活动。

电路原理

运用电路原理(电路三要素:电池的电源、电线的导电体与小灯泡的电器装置)制造断路与通路,就能做出会发亮的玩教具,如果换成蜂鸣器或马达,就变成会鸣叫或转动的玩教具,可制成玩教具种类包括手眼协调、配对与趣味类(如积木怪兽的发亮眼睛)等。图 2-2-3"足球射门"是钢珠踢进球门达阵就形成完整回路使灯泡发亮的自制玩教具,图2-2-4"请小心走"是操作笔走到铝箔纸处形成完整回路,使灯泡发亮的自制玩教具,二者均是笔者在澳门大学任教时学生的课堂作品。电路组、蜂鸣器、小马达也很实惠,建议多加购买让幼儿试着探究、组装,或是师生共同构思、制作创意的玩教具。

图2-2-3　足球射门

图2-2-4　请小心走

反作用力原理

运用反作用力原理与橡皮筋弹力可以做出许多玩教具,例如图2-2-5笔者做的"打桨快艇",橡皮筋如同引擎,当扭转与放松附着的桨片时,将潜在能量转变为动能,带动桨片冲击水面,引发艇体向另一方向前走;图2-2-6国外友人制作的"神速乌龟"也采用了同样的原理,当拉紧线绳后又放松时,乌龟急速向前移动。另外,澳门大学同学利用反作用力与空气原理做成的"风力车"(图2-2-7),因空气从吹胀的气球中急速涌出,推动地面,于是车子急速向另一方向前进。

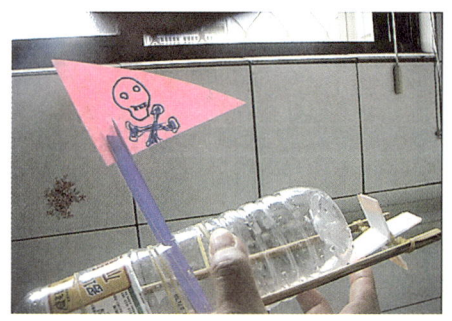

图2-2-5　打桨快艇

图 2-2-6 神速乌龟

图 2-2-7 风力车

其他原理

其他还可运用的科学原理有很多,诸如利用压扁的吸管对着水面吹气制造上下不同气压与水面震动的"水鸟笛"(图 2-2-8,STEM 工作坊学员的制作物);利用光与两面镜子让其反射两次而制作的"潜望镜";利用轮轴原理、竹筷与矿泉水瓶制作的"小汽车";运用橡皮筋弹力与杠杆原理制作的"投掷器"等(图 2-2-9,笔者制作)。

图 2-2-8 水鸟笛

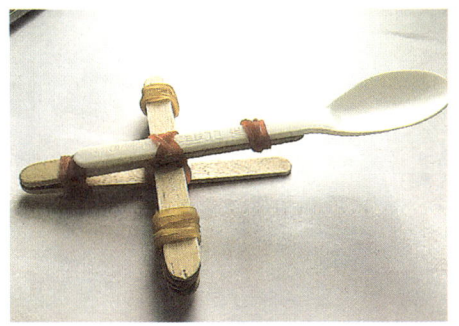
图 2-2-9 投掷器

(二) 公共空间之规划

公共空间是在各班活动室外但是在整个建筑物内的区域,或半户外的共同使用空间,包括接待大厅、户内转换或观赏空间、廊道(建筑物内或半户外)等。这些空间是幼儿早上来园或休憩时间的必经之处,所以在做 STEM 探索的环境规划时,除了要特别强调温馨美感、多元变化与健康安全等规划通则外,一定要能吸引幼儿驻足徘徊,或愿意投入游戏、探索。因此一些墙面上涉及科学原理的操作或组装设计,就显得非常重要,因为墙面装置比较不会阻挠交通动线,例如坡轨墙、镶嵌积木墙、编织墙、齿轮墙、白板墙、叮咚墙等,这些墙面有市售现成的(图2-2-10、图2-2-11),幼儿园也可自行装设(图2-2-12),重点是幼儿可以一面探索,一面操作或组装,体验科学、工程、技术、数学等整合领域。上述三图是笔者辅导的深圳盛世江南幼儿园在廊道与户内转换空间的设置。

图2-2-10　市售坡轨墙、齿轮墙

图2-2-11　市售镶嵌积木墙

图2-2-12　幼儿园自行装设的编织墙

二、户外STEM探索物理环境

户外空间整体规划也要做到游戏探索、多元变化、社会互动、弹性潜能、温馨美感与健康安全等六项幼儿学习环境规划通则(周淑惠,2018c)。笔者非常认同艾萨(Essa,1992)所言,户外区域质量的提升,也可像活动室内区域划分一样,创造一些明确的学习区域。就此,笔者认为可以设置组合游戏结构区、自然种植区、沙/土与水区、草坪嬉戏区、硬表层多功能区、附加零件建构区、动物观察区、隐秘/游戏小屋等,视园方空间大小、经费与幼儿需求而定。至于其具体规划,则要做整体性多元区域规划,设循环且分支动线,重自然景观与微气候,创挑战、创意与想象情境,保留白或弹性空间,重安全与定期维护(周淑惠,2018c)。不过针对STEM探索,户外空间可聚焦于以下四项元素。

(一)自然元素

自然元素如阳光、空气、水、土、沙、动植物是最珍贵的,也是最棒的游戏、探索元素,有太多的自然元素可以探索、游戏,并从中体验如何解决问题与STEM教育联结。例如,如何运用树木搭建小树屋?如何挖渠引水至某处盖蓄水库?如何建盖稳固的沙堡、土厝或树枝屋?如何在小水渠上盖桥?如何将东西省力地运到土坡上?如何在树枝间制作秋千?如何将沙坑的沙运到木平台上?如何帮小狗或小鸭子盖小屋?因此幼儿园要有丰富的自然环境,或者半自然环境,尤其要有进行STEM探究的园所,如拥有植栽、沙坑、土丘、隧道、涵洞生态池、小水道等,必能让幼儿的游戏、探索更为尽兴与到位。图2-2-13与图2-2-14分别是西安交大阳光幼儿园与深圳南山机关幼儿园的户外游戏场小土坡,其高低层次让孩子的游戏更具复杂性;图2-2-15与图2-2-16是杭州京杭幼儿园的沙池、沙坡道与石池设计,且还有滑轮、水桶、筛盘、铲子等附加零件,让孩子的游戏更为多元变化;图2-2-17是云南昆明圆通幼儿园户外游戏场小水道设计,在另一处水道还装置水车。如果限于空间,也要尽量让幼儿有接触自然元素的机会,图2-2-18是笔者辅导的深圳盛世江南幼儿园顶楼的"水流预测游戏组",因该园位于小区内,绿地空间有限,只能充分利用有限空间。

图2-2-13　游戏场小土坡(一)

图2-2-14　游戏场小土坡(二)

图2-2-15 游戏场沙池

图2-2-16 游戏场沙坡道与石池

图2-2-17 游戏场小水道

图2-2-18 游戏场墙上的"水流预测游戏组"

（二）附加零件

附加零件原文是 loose parts，其意指在户外游戏场中可外加并移动的材料或物件，所以笔者将其翻译为"附加零件"，亦称为"附加素材"。它可以激发广泛多样的游戏形式（Frost，1992；Rivkin，1995），包括人造物与自然物，甚至是回收物，可自由拼组、运用解决游戏中各项问题，在 STEM 教育上十分关键。当然，这些附加零件也可用于室内区角或环境中。

1. 人造物

人造物不胜枚举，包括玩教具、工具、用品与回收再利用物等，例如：各种物品（轮胎、纸箱、棍子、PVC 管、塑料瓶、铝罐等），各种工具、用具或机械

（铲子、槌子、桶子、锅盆、滑轮等），各种材料（砖块、木板、布块、纸箱、毯子、塑料布、塑料绳、麻绳等），有轮玩具（小手推车、三轮车、滑板车、玩具卡车、挖掘机卡车等），一般玩具（娃娃、机器人、大积木等）皆属之。重要的是，这些人造物可以单项运用或与其他人造物拼组、制作成其他有用物品，解决游戏上的问题。例如数个大轮胎可建成爬行的隧道；木板可以搭成滑梯或滚球的坡道，或是搭建小沟渠上的栈桥；麻绳与木条或轮胎可挂在树上做成秋千；回收的 PVC 管、塑料瓶可用来建造水道引水至某处成水库，或是组装多入口的坡轨以混合色水；不同材质的锅盆或容器可以挂在格架上，让幼儿自行探索与组装成叮咚墙；小手推车可载运砖块到幼儿的建筑工地，并运用木板斜坡将砖块滑送到地基等。

2. 自然物

自然物种类繁多，如：树枝、树干、大长豆荚、大芭蕉叶、竹藤、沙土、石头、松果、椰子、蜂窝、鸟巢等。完全利用自然物或者与人造物附加零件结合，可以玩出许多 STEM 相关游戏，例如运用树枝交叉加上湿泥土可盖成天然小屋，树枝与布块或绳索结合可盖出游戏小屋；大轮胎四周立上树枝、大芭蕉叶子可成为堡垒基地等。图 2-2-19、图 2-2-20 是云南昆明圆通幼儿园的户外游戏场一角，里面有粗细两种枯树枝、竹竿、布块可供幼儿操作，布块、呼啦圈与三根竹竿就组成一个小帐篷。图 2-2-21 是深圳南山幼儿园的沙池，其中充满了各种附加零件，可让幼儿进行 STEM 探究。就此，请读者思考，图 2-2-17 小水道旁可以摆放什么附加零件，使之利于 STEM 探究呢？

图 2-2-19　游戏场中附加零件（一）

图 2-2-20　游戏场中附加零件（二）

图 2-2-21 游戏场中附加零件(三)

(三) 游戏器材结构

目前的游戏器材结构多倾向大型组合的设计,大型组合的游戏结构是一个具有多功能的游戏体,将多种游戏结合在一起。规划设计时的具体原则为:重创意与多功能的组合游戏设计、创可选择的挑战性设计、具高于地面的各层平台与衔接、具清楚的成就展示点与可撤离点、设隐秘/想象的小游戏空间、示多元与明显的出入口、做畅行无阻的动线设计、显安全与保护的坐落与材质(周淑惠,2018c)。它的整体造型可以只是各类游戏器材的连串组合,而为更符合 STEM 探索,建议造型是引人各种遐思、想象的新奇独特造型或模糊结构体,且含以下几项设施。

1. 基本体能游戏器材

例如单杠、攀爬网、吊环拉杠、滑梯、秋千、消防滑杆等基本游戏器材,可以进行爬、拉、荡、吊、滑等大肢体活动。为了进行 STEM 探索,建议游戏结构体向外延伸跷跷板(杠杆原理)、平衡木(杠杆、重心)、旋转设施(离心力)等,并放置一些麻绳、木板、木条、塑料布、小轮胎、纸箱、大线轴、容器、工具等附加零件,让幼儿体验科学原理或自己组装秋千、小手推车、堡垒、小屋等,甚至制作、改装其他游戏需求的设施。

2. 阶层平台与空间

游戏体通常有阶层,有大小平台与空间,可以进行扮演、想象等社会性游戏,也可做短暂的休憩。为了进行 STEM 探索,建议不同结构体横向之间或同一结构体上下之间,设有滑轮装置,让幼儿可运送所需玩具或物品;或者准备一些卷筒、麻绳、桶、竹竿等附加零件,让幼儿依游戏需要自行组装可运送物体的装置;或者制作绳梯、滑杆联系不同阶层;或者织结绳网保护平台空间,更加符合 STEM 探索的需求。

3. 涉及科学或其他操作接口

除一般的操作活动如井字连线活动、立面嵌入拼图、涂鸦板等,为了有利于 STEM 探索,建议游戏结构体在适当处如平台、高台、侧面等,镶嵌或组装涉及科学原理的观察物与操作物,如滑轮、轮轴方向盘、齿轮组、色水瓶、彩色玻璃组、反光镜、哈哈镜、风铃、音钟、蛇形传声筒、斜坡、风向器等;也可准备彩色玻璃纸、放大镜、安全镜片、水管、风车等附加零件让幼儿探索并依游戏需求而运用。

4. 结构体下的沙土堆

结构体下的空间与其延伸处通常会堆置沙土,建议邻近水源并提供容器、漏斗、天平、铲子、水桶、玩具卡车、砖块、花洒、PVC 管、滑轮等移动性附加零件,可以挖渠引水、建水道、挖水库、盖沙堡、搭小屋、上下或平行运送砂石等,增加游戏的复杂性与多元性,从而更趋近 STEM 探索。

(四)户外艺术与其他

1. 艺术

户外空间可以探索的元素真的很多,除了以上所述之外,还可以进行艺术活动,因为有些艺术活动需要较大场地创作,且在户外进行更为方便,例如运用各色颜料喷嘴瓶对着悬挂的大幅棉布喷洒之"七彩混喷画",当喷洒于白布的不同色水相互渗透时,交织混合出漂亮的色彩(毛细作用)。再如将画瓶(有颜色的水、黑白沙)悬吊于支架中间,用力使之摆荡在地面大幅纸张上留下摆荡痕迹的"钟摆画"。又如收集掉落的花果草叶,进行用槌子捣碎的天然汁液的"印染画",或是"花环头冠编织";以及幼儿涂鸦后,可用水冲洗掉的"涂鸦墙",也是很好的活动。

2. 其他

此外,户外空间还可以进行与声音探索有关的艺术活动——叮咚墙,幼儿可运用锅具或容器自行探索、组装叮咚墙面,并选择各种材质的打击棒以敲织出美妙的声音。由于户外区较宽广,其声浪相对小于室内,因此一些嘈杂的 STEM 活动如木工制作,就可在此处的半户外空间进行;又如一面运用心智、一面运用大肢体的编程地游活动,相对喧闹些,也可在户外硬表层区进行。

三、小结

从以上自然元素、游戏器材结构、附加零件、艺术及其他四项户外环境可聚焦的 STEM 要素论述中,可见在设计上的"弹性变通"与"创意巧思",以及在游戏上幼儿"可依需求自由创变",是强化 STEM 探索的三项重要原则。如果实现,则势必能裨益幼儿的 STEM 探索经验。其实这三项原则也是增强幼儿户内 STEM 探索经验的不二法则。无论是在室内区角、公共空间的创设,或是玩教具的选、制、用方面,均脱离不了这三项原则。

第三节　幼儿 STEM 教育之软件基础——探究取向主题课程

上节探讨了幼儿 STEM 教育之硬件基础——物理环境,本节旨在探讨幼儿 STEM 教育之软件基础——探究取向主题课程,包含它的意涵是什么,与 STEM 教育的关系是如何密切,以及要如何设计等,以更好理解如何具体开展幼儿 STEM 教育。我们以为,在软硬件深根基础之上,幼儿 STEM 教育之开展,则指日可待!

一、探究取向主题课程的意涵

探究取向主题课程从字面显示是指具有探究特性的主题课程,简称主题探究课程,笔者早年即投入此领域研究,曾综合文献将其定义为:"通常是师生共同选定与生活有关且含涉多学科方面的议题或概念,作为学习之探讨主题;并设计相关的学习经验,试图'探索''理解'该主题且'解决'探究过程中相关的问题,以统整该主题脉络相关的知识与经验。因此它的特征是具有统整性与探究性。(周淑惠,2006;2017a)。"

其实根据文献,主题课程(Thematic curriculum)在本质上就具有探究特性(Beane,1997;Campbell & Harris,2001;Krogh & Morehouse,2014),为何笔者还特意加上探究取向四个字? 此乃考虑坊间所实施的主题课程多缺乏探究性,充其量只是拼盘式表浅地将相关活动合在一起。例如一个"宠物"主题,看似各个活动都与主题有关,如宠物图书阅读、宠物故事说讲、宠物绘图、宠物捏塑(黏土)、金鱼与猫狗观察、体能律动(猫走、兔跳或歌谣)等,完全看不出有"探究"宠物的任何相关问题,例如宠物吃什么,宠物喜欢什么,有什么习性,宠物生病征兆是什么,宠物平日要如何照护,宠物住处或宠物乐园要如何建置或布置等,因此特意冠名"探究取向主题课程"加以识别,显示所提倡的是真正具有探究精神的主题课程。

换言之,主题探究课程的重要精神是运用亦称为"探究能力"的"科学程序能力"(如观察、查数据、推论、验证、沟通、比较等)与领域相关知能去探究一个主题,以获得主题相关知能,并运用知能去解决在探究历程中所萌生的问题,而非只是肤浅地拼凑各学科领域(周淑惠,2017a)。所以知识、技能成为探究时的运用工具,知识与技能是一面探究、一面获得与运用,即具现学现用特性。例如上述"宠物"主题于探究猫的习性与如何照顾相关知能后,随即投入猫乐园的建置中;又"好吃的食物"主题于探究食物的烹调知能后,随后投入创意料理的制作或亲子飨宴活动中;建构食物的营养价值后,随即进行饮食日志的记录,检核是否摄取垃圾食物。因此课程内涵自然地臻抵数个学科或领域的整合境界,课程特色不仅显现探究性,而且也呈现统整性。

二、探究取向主题课程与 STEM 教育的密切关系

主题探究课程最显著的特征是探究性与统整性,那么它与 STEM 教育的关系如何？有何异同？为何本书将其视为幼儿 STEM 教育之软件基础？试分析如下。如第一章言,研究者曾综合相关文献提出 STEM 教育的意涵为:"针对生活中的问题,透过工程的设计、制作与精进的核心活动,以为课程与教学主轴,历程中整合运用科学与科学探究、数学与数学思考、技术与工具等,以产生制作物且解决实际的问题。"其主要特征有四:解决问题、探究、工程活动与整合课程。显而易见的是,主题探究课程的探究性与统整性特征,也为 STEM 教育的特性,二者似乎密切相关。表 2-3-1 比较了探究取向主题课程与 STEM 教育,可以从中看出两种课程大体上非常接近。

表 2-3-1　探究取向主题课程与 STEM 教育之比较

类别 项目	探究取向主题课程	STEM 教育
目标	探究与理解主题 解决探究历程中问题	解决生活中问题
内容	生活中议题	生活中问题
方法	探究 （运用领域相关知识，亦含运用 STEM 领域， 但不特别强调）	探究 （运用 STEM 领域知识）
活动 历程	探究与表征 （通称探究与表征历程，亦含工程历程， 但不特别强调）	工程历程
课程 呈现	统整性 （指通泛的各领域知识，亦含 STEM 领域， 但不特别强调）	统整性 （STEM 领域知识）

进一步分析，虽然主题课程的目标主要在于探究与理解主题与其相关概念，其实在探究主题的历程中，也会自然地解决历程中的相关问题，很多都是与生活方面有关的，因此其课程目标也含有 STEM 教育之解决问题成分，其课程内容也涉及 STEM 教育之生活中问题，甚至更广泛地包含生活中议题。两种课程些微不同之处在于主题探究课程并不特别强调工程历程，而 STEM 教育重视工程历程。主题探究课程中的幼儿于探究过程中会试图"表征"所获，可能是艺术或涂鸦表达、肢体或口语表达，也可能是涉及工程制作的制作物呈现，所以并不表示主题探究课程没有涉及工程历程，很多课程在解决探究历程中的问题时，经常也会历经工程程序产生制作物，只是以探究与表征通称整个活动的历程，不特别强调工程程序。

例如有名的主题探究课程"甘蔗有多高？"就是在探索甘蔗的历程中种起甘蔗，然而甘蔗被拔了要怎么防护呢？幼儿面对此一问题兴起圈围栅栏的念头，开始从画设计图、预估材料、购买材料到着手制作的历程，制作过程中则解决了许多问题，例如木条如何裁切一半？木头插不进土中怎么办？要怎么圈围出栅栏？栅栏的间距如何一样？最后在钉制过程中，也产生问题,幼儿将间距画记在园圃地面,入教室时要将木条钉到横杆时,不知要钉在哪里。于是拿着横杆再到菜园划记,整个过程在不断试行与修正中,终于围好了栅栏(台湾台中爱弥儿教育机构、林意红,2013)。可以说此一主题探究课程历经了 STEM 教育所重视的设计、制作与精进的工程过程。

此外,此二课程另一稍为相异之处是,二者均强调运用探究能力与领域相关知识,但是主题探究课程所运用的系指通泛的各领域相关知识,使课程呈现整合样貌,并不特别强调 STEM 学科领域——科学、数学、工程、技术等,许多主题探究课程在探究与解决问题历程中,也会运用 STEM 各领域知识。例如幼儿在"甘蔗有多高?"主题之工程历程中,也运用了数学(预估木头数量、将每根木头裁切一半、测量一致的间距),科学(将木头削尖插入土中、加横杆让栅栏稳固圈围),技术(运用裁切、削尖与测量的工具)等 STEM 诸学科。

再如"木头真神奇""看我变魔术"主题探究课程在整学期的主要活动中——解决教室板凳坏了的板凳制作、探索木头可以做什么的木头制品、想要了解更多木头知能的木工厂参观、尝试探索新技术的雕刻制品、应隔壁班弟弟妹妹们为展示作品而要求的三层柜制作及最后呈现主题进展的成果展,其中运用了科学、数学、工程、技术等知识。以三层柜制作为例,幼儿面临诸多问题——如何做成三层柜?如何让整个柜子的结构保持平衡(科学)?如何将木条分为三等份(数学)?运用什么工具与技术来裁切(折合锯、尺等)与黏合(木头胶等)(技术),从画设计图开始,一步步解决,并历经修正过程(工程),终于完工送给隔壁班弟弟妹妹,还附了使用说明书(语文)(周淑惠,2017a)。可以说整个工程制作与探究历程,也运用了 STEM 教育所重视的 STEM 诸领域知识,甚至还更广泛地呈现了课程整合样貌。

再以"千变万化的衣服"主题为例,主题探究课程无异于 STEM 教育。在此课程中幼儿探索几个重点——衣服哪里来?(怎么做成的?线从哪里来?线、布与衣服的关系?要如何制作?)衣服与人的关系如何?(不同气候的服装?我穿几号衣服?)衣服如何千变万化?(有什么样式、图案、材质、装饰等?衣服上标签之文图代表什么?)最后幼儿兴起帮自己的娃娃制作新衣服的念头,于是每位幼儿从家里带来心爱的娃娃,从画设计图开始,历经测量、制版、剪裁、缝制、烫熨等程序,终于完成别出心裁的娃娃衣服,最后展示供大家观赏(周淑惠,2006)。

这个课程无疑是探究取向的主题课程,幼儿运用各种探究能力探索主题及主题相关概念,例如"观察"商场各柜位的衣服、教室搜集的各式衣服、衣服制作影片、服装杂志等;参观并"访谈"裁缝师关于如何制作衣服的问题;"记录"观察、访谈所得;上网"搜寻"衣服质料的数据、"查阅"图书;"比较"衣服的样式与质料、春夏秋冬衣服之不同并"作结论";以纸张折剪方式"验证"所分享的制衣步骤正确否等。此外,也将主题探究中所获相关知识(衣服的样式、衣服如何制作等),运用于如何帮娃娃制作新衣的问题之上,充分帮助主题探究课程通常也会产生制作物暨解决问题,而且整个历程也涉及 STEM 各领域知识的运用,使得课程具有整合性,如表2-3-2所示。笔者所要表达的是,这个主题探究课程发生在很久以前,当时尚未有 STEM 课程,然而在实质上却无异于幼儿 STEM 教育。

表2-3-2 "衣服千变万化"主题之 STEAM 分析

涉及领域	活动之 STEAM 分析
S（科学）	*探究衣服的材质、线与布与衣服关系、制作步骤等,体验其中科学原理 *运用科学程序能力（观察、访谈、搜寻与查阅数据、记录、比较、验证等）
T（技术）	*运用计算机、图书杂志搜寻数据、绘画设计图 *运用制作技法:制版、描图、裁剪、熨烫、缝制等 *使用人类智能产物:熨斗、缝衣针、软尺、布料、线等
E（工程）	*设计衣服样式、制版、描图、裁剪、熨烫并缝制成衣服
A（人文艺术）	*展现衣服整体外观样式及其美化 *绘制参观百货公司之记录、衣服制作步骤等 *绘画设计图
M（数学）	*测量:布面与娃娃尺寸 *估算:布料面积与娃娃衣服实际所需、线长与缝制所需 *空间推理:分配布面、持针缝制方向等

综上可见,主题探究课程之活动历程中重视的是多元表征而不限于产

生制作物的工程程序,以及广泛运用和整合各领域知识而不限于 STEM 领域,整体而言更宽广于 STEM 教育。事实上它在探究历程中,经常为解决萌发的相关问题,而历经工程程序与运用数学、科学、技术等知能,以产生制作物,只是并不特别强调工程程序与 STEM 领域,就此而言,其课程样貌几乎无异于 STEM 教育。职是之故,笔者认为主题探究课程是 STEM 教育的重要切入平台,因为在课程主要精神的探究历程与氛围下,幼儿不仅会发现有许多问题有疑虑待解决,而且也易投入生活中的问题并对其加以解决。台湾地区幼儿园课程最高指导文件《幼儿园教保活动课程大纲》所强调的就是探究精神与统整课程,因此面对 STEM 浪潮,笔者认为各幼儿园只要奉行教保活动课程大纲指导文件之探究精神,在主题进行中多加引导以制作物解决问题,就会自然历经工程程序,并在历程中检视课程的 STEM 各领域是否俱全,即形同实施幼儿 STEM 教育;如果 STEM 各领域稍嫌不足,则加以强化或丰富,不必为此浪潮重起炉灶重新架设课程。

三、探究取向主题课程的设计

如上所分析,主题探究课程是幼儿 STEM 教育的良好切入平台,只要在原有课程基础上多加引导以制作物解决问题,并检视与微调课程中的 STEM 各领域成分,即形同实施幼儿 STEM 教育。再而本书主张以渐进方式实施幼儿 STEM 教育,因此尚未依据课纲探究精神而实施课程者,可以先由尝试个别的探究活动开始并趋向以制作物解决问题的 STEM 探究活动,再进阶至以主题脉络统整的 STEM 探究课程。以下介绍主题探究课程的设计,包括预定主题方向与设计活动内涵两个重要步骤,本部分在笔者《面向 21 世纪的幼儿教育:探究取向主题课程》一书中有详尽的说明(周淑惠,2017a),此处仅为简述。当然主题探究课程也可以是萌发式而非预设的,但是较为考验教师的应变能力,建议循序而上、逐步发展,故此处仅先论述预设课程。

(一)预定主题方向

主题方向之确立有三项原则——符合幼儿需求的"主题选择"、以概念为先的"网络图绘画"、以弹性为要的"整体设计"。

1. 符合幼儿需求的"主题选择"

教师在开学前挑选主题时,可从几个角度思考:(1) 现阶段幼儿发展需求,如因应阅读习惯养成与体能发展的"我爱绘本""体能游戏大挑战"等主题;(2) 幼儿学习特性,即选择具体化、经验化与生活化的主题,如与幼儿生活相关的"好玩的水""小区与环保"等主题;(3) 幼儿兴趣,因兴趣乃探究的引擎,如"滚动与转动""童玩乐趣多"等幼儿喜爱的主题。建议从幼儿家庭与学校生活中的人、事、时、地、物方面开始构思与选择,并日渐向外扩展至小区或社会方面。职是之故,老师要本其专业,熟谙幼儿的发展、学习的特性,也要经常关注与观察幼儿,对其感兴趣的人、事、时、地、物了如指掌,才能预做规划选择符合幼儿需求的主题。

2. 以概念为先的"网络图绘画"

绘画网络图是主题课程设计最常用策略,是教师预定主题方向及幼儿学习的一项重要工具,它定义了主题探讨的范围或内涵,并且可检视各教学领域的均衡性(Krogh & Morehouse,2014);同时它也是帮助孩子思考与学习的概念组织工具(Bredekamp,2017)。除运用网络图绘画设计外,也可运用其他图像工具如心智图绘图软件,或是树状结构图;教师可通过合力脑力激荡、查阅相关教案数据或向他人咨询方式,以发展并绘制"主题概念网络活动图"。

而主题概念网络活动图的绘制应以概念为先,始于一个中心主题,然后向外确立与主题相关的各"大概念",其次才设计用来探索主题与概念的"活动",即"先概念再活动"的绘制原则,并以概念来统整各个领域知识,因为主要目的是探索主题自身,如第四章图4-1-4"房屋"主题概念网络活动图所示(忽略红色小三角形)。值得一提的是,它与主题设计直接切入各学科领域活动的"多学科课程"(Multidisciplinary curriculum),是非常不同的(Beane,1997)。多学科课程有如本节开头所提及之"宠物"主题,主题之下直接设计语文、艺术、体能等各领域活动,未经过主题相关概念分析。

3. 以弹性为要的"整体设计"

整个课程设计要富有"弹性",兼容并蓄计划性与萌发性——在预定主题方向之初即应先为幼儿需求设想规划,但也需留白有可萌发生成的空间,而且也能容许弹性调修。因为有时幼儿会对预设课程中的某一概念或活动特别感兴趣,想要深入探究;有时则对老师设计的概念方向与相关活动不感兴趣;甚而临时对某项活动或事物萌发兴趣。此时教师应弹性调修,容许临时萌发的方向或活动,以满足幼儿的探究兴趣与需求。而且有时生活中的偶发事件或社会上正发生的大事,也极具教育意义,必须临时弹性地将其纳入课程与教学之中。

值得一提的是,弹性也可显现在默认课程的网络图绘画行动中,与幼儿共构是预设课程中较为开放的型态,笔者极力建议,课程设计之初不仅在主题选择上符合幼儿的需求,而且开放接纳幼儿对课程与教学活动的想法。例如可以在团讨时呈现教师设计的概念网络活动图并与孩子深入对谈,当场了解孩子的经验及想法、兴趣,修改原规划概念与活动以纳入孩子的想法,迈向师生共构的预设课程境界;或者一开始由教师绘画网络图,也可与幼儿于团讨中绘画网络图,然后两相比较,在综合考虑后共构出预设课程。综言之,预设课程可以是师生共构的,让幼儿参与其中,不仅只有教师设计,让课程的实施更贴近幼儿的兴趣与经验。

(二) 设计活动内涵

默认的主题探究课程在确立主题方向后,接着进入活动内涵的设计,其设计必须满足以下三项原则。

1. 能运用探究能力的活动

主题探究课程最大的特征就是探究性,因此在规划概念下的活动,尽量要设计探索未知、解答疑惑、解决问题等能运用"科学程序能力"(即探究力)的活动,这些探究能力包括:观察、推论、测量、找数据、记录、比较、验证、访谈等。以"房屋"主题为例,"特殊用途"次概念下的"探访赡养之家"活动,就是"观察""访谈""记录"与"比较"赡养之家与一般住房之差异,以发现老人的特殊需求;建筑装潢"材质"次概念下之"小建筑师:土、沙"活动,就是在"实验"土屋、沙屋的坚固度的过程中,会运用"观察""比较""预测""沟通"等探究能力,以解惑哪种材质较为坚固;而"我的创意楼房!"活动则是透过实际行动建盖有创意的楼房,在历程中自然地遭遇各项问题,如楼房有哪些创意形式,哪些重要结构?如何让积木建盖的楼房稳固不倒?

促发多元探究能力的运用,如"搜寻"计算机上数据、"比较"不同楼房的形式、"推论"如何建盖、以行动"验证"想法等。较能引发探究能力的活动如下所举之例。

探索未知事物

如"宠物乐园"主题中,幼儿想帮小仓鼠盖一个游乐园,小仓鼠的习性是什么?它喜欢什么?要如何制作?这都是幼儿未知的、亟待探究的问题。在"春天万象"主题中,幼儿想种植小黄瓜,孩子对实际种植活动颇感陌生,不知如何种植与照顾,例如,是要种在阳光多还是阴暗之处?除浇水外还需要什么照顾或营养呢?如何让卷曲蔓爬的茎向上生长?有虫害该怎么办?这都是幼儿未知的、有待探究的问题。

解答疑惑

例如,"光与影"主题中,在制作影偶台时,老师的手掌比幼儿的大,为何投影于幕布上反而看起来比幼儿的小?"好玩的水"主题中,在以黏土制作船只时,将小黏土团与一大片黏土放入水盆中,黏土团怎么会沉了下去?"生活中的机械"主题中,将较重的箱子与较轻的积木置于跷跷板两边,为何箱子反而被高高翘起呢?以上都是一些让幼儿颇感疑惑、百思不解的问题,亦即现象与幼儿之认知发生冲突的问题,有待释疑。

解决问题

如前例"春天万象"主题中,种植小黄瓜后有许多虫害,小黄瓜也经常被小动物踩踏,两种状况各该怎么办?"好玩的水"主题中,在挖渠引水时,孩子兴奋与热切地探索着水的各种特性,在进出之间将大块污泥带到走廊,教师可请幼儿思考如何清洗有大块泥垢的地板?(可解决的方法如:用水桶装水冲、将水管开口压扁使水喷出、先用板子铲起再冲等)又"房屋"主题中,如何让积木建盖的楼房稳固不倒呢?

2. 能发挥创意思考的活动

"创造力需要求知与表征做联结,开启孩子的一百种语言。"(Edwards, Gandini, & Forman, 1998, p. 77),也就是探究是创意表征的前奏曲,所以孩子探究后,教师务必给予充分的表征机会。建议教师在主题探究课程中,除了多能设计(或引导幼儿)运用探究力的活动,并且鼓励幼儿以多元方式创意表征其探究发现,使其展现令人惊艳的一百种语言,也很重要的是,教师在设计活动时,尽量少抄袭坊间教材或现成参考资源,要有创新发想成分,让幼儿于活动中能发挥与展现创造力,这也是幼儿创造性教学要旨(周淑惠,2011)。例如在"体能游戏大挑战"主题中,开展以多元方式在定点距离间移动身躯的"移位律动";合作扮演 6 只脚的昆虫行进的"怪虫奇奇"活动,均可以让幼儿将探究身体部位与动作之所得,运用创意加以多元表征(此二活动请参见拙著《创造力与教学:幼儿创造性教学理论与实务》)。

再如,在"好吃的食物"主题下,"缤纷蔬果汁""万象色拉""点心大厨"等,均是可以让幼儿发挥创意的活动,如三明治可以是内凹的盒形、口袋状、圆形、五角形、星芒形等,夹层内容有如榴莲泥、红豆泥、香蕉泥、冰淇淋等各式变化;寿司外形与内容亦如此,甚至可以搭配颜色与造型。此外在"食谱宝典"活动中,幼儿更可以大胆地将不同材料结合,运用探究历程中所学知能与创造力,绘出色香味俱全的菜色,如锅巴巧克力卷饼(酥脆锅巴淋上巧克力酱裹于卷饼中)、脆片榴莲手卷(冰淇淋甜筒内装榴莲泥与喜瑞脆片)等。

3. 针对目标并均衡领域的活动

目标是教学活动的依归,在主题概念网络活动图中,各个活动是为探索或达成概念目标而设计的,如"城乡房子有何不同?"活动是为探索"城市房子"与"乡村房子"次概念目标而设计的,目的是在观察城乡各类房屋后,将其比较、分类并记录,以建构或发现城乡房屋的差异。活动内容扣合目标涉及逻辑思维,在笔者的经验中,职前学生甚至有些幼师经常将活动内容偏离目标。此外,幼儿教育的重要目标是全人发展,因此强调各领域均衡的课程,就显得相当重要,如"房屋"主题中均衡地涉及社会(如参访房屋中介店、探访赡养之家等)、语文(如查阅建筑图鉴、房屋宝典画册等),艺术(如房屋博览会、乐高积木家具展、创意帐篷露营趣等)、认知(如何稳固树枝屋?城乡房子有何不同?)、健康(建材搬运、安全措施有哪些?)等各领域的活动。

四、小结

主题探究课程是幼儿 STEM 教育的良好切入平台,有心实施 STEM 教育的幼儿园可依据课纲精神先行建立主题探究课程。又主题探究课程既由各领域探究性活动所构成,幼儿园也可以先尝试个别的探究活动的设计与实施,让幼儿在活动中充分运用观察、推论、比较、记录、搜寻数据、验证、沟通等探究能力,习惯运用探究力解答疑惑或解决问题;也让教师习于此种教学方法,将权力下放至幼儿,日渐脱离主导性。在教师与幼儿均熟悉此种教学型态后,就较为容易做到以主题脉络统整各领域活动的探究取向主题课程境界。其实这也呼应笔者一向的主张——幼儿 STEM 教育宜渐进慢行,即由每星期实施一两个活动的活动式 STEM 探究进阶到主题式 STEM 探究。而活动式 STEM 探究即立基于主题探究课程的探究性活动,除强调探究能力的运用外,还强调以制作物解决问题。所以主题探究课程的探究性活动就显得非常重要,它是幼儿 STEM 教育的最根本起点。

第三章
幼儿 STEM 教育之课程架构与类型

　　幼儿 STEM 教育的软硬件基础——STEM 探索物理环境与探究取向主题课程,作为地基支撑了幼儿 STEM 教育,而幼儿 STEM 教育的开展有赖于课程架构的指引,所以基于多年课程研究与文献探讨,本章第一节提出幼儿 STEM 教育的课程架构,为实施 STEM 教育课程提供指导方向;第二节则论述幼儿 STEM 教育的课程类型,让实施者便于衡量自身状态,并有所参照,利于课程顺利开展。

第一节　幼儿 STEM 教育之课程架构

本节提出幼儿 STEM 教育的课程架构,包括其思考、形塑以及构成内涵,一方面有助于了解此架构之由来与实质内涵,利于读者理解与认同;另一方面作为幼儿 STEM 教育实施之指引,便于有心实施者有明确方向可资依循。

一、课程架构之思考与形塑

课程架构是课程设计与实施之指导方向,本节内容基于研究者多年所推展之主题探究课程,思考之重要问题,并受其他 STEM 课程或相关文献所启发,综合形塑而成。

(一)课程架构之思考

正如前章所析,鉴于多年耕耘的主题探究课程趋向 STEM 经验,是 STEM 教育重要切入平台,只要在主题进行中多加引导以制作物解决问题,自然涉及工程历程,并且检视课程中的 STEM 各领域是否俱全,即形同实施幼儿 STEM 教育;研究者遂以此为基础,在幼儿园辅导时检视与精进主题探究课程,使其更具 STEM 教育特色。于此阶段,研究者不断深思一个重要问题:STEM 教育的目标是解决生活中的问题,但是要如何在幼儿园课程中传递生活中的问题呢?

幼儿的生活的确脱离不了游戏,游戏也是生活的重心,生活与游戏中确实有许多随机问题可让幼儿去解决,这就涉及萌发生成式课程的实施。然而临时萌发的课程本就对老师形成莫大压力,而且又涉及数学、科学、工程等幼教老师害怕或未接触过的领域;这些随机问题多半也是可遇不可求,在课程与教学上无法坐而待之。因此若能将这些生活与游戏问题预先思考、设计,或通过假想情境、绘本情境预先设计,反而可让教师安心,并能准备好幼儿探究的舞台;在教师充分准备好的状况下再让幼儿直面生活与游戏中的问题,实施萌发式课程,也较符合笔者所倡导之渐进实施策略。此外,研究者也参阅了一些推广中的幼儿 STEM 课程,发现它们也有相同的做法——运用绘本或假想情境切入 STEM 教育,同样可让幼儿面对问题、探究并设法解决问题,达到 STEM 教育的目标,因此以下举一些课程与实例说明它们是如何在课程与教学中传达生活中的问题的。

1. 概念性游戏世界(Conceptual Playworld)

澳大利亚学者玛瑞莲·弗里尔基于其深入研究孩子的经验,包括他们如何形成科学、技术与工程的概念,发展出"概念性游戏世界"的 STEM 课程(马瑞莲·弗里尔,2019;亦见 https://www.monash.edu/conceptual-playworld/about),它以绘本为中介,通过想象、扮演游戏,让幼儿面对问题或挑战,学习 STEM 概念,有以下几个操作步骤。

选择一个故事绘本

最好选择带有复杂情节与多角色的绘本故事书,让孩子有很多投入点,便于讨论与概念学习,教师也可以新创相关角色以丰富情境;而且要具有戏剧性、情绪张力的刺激性,足以自然引发待解决的问题,让孩子协助解决,例如《夏绿蒂的网》《母鸡萝丝去散步》就是很好的例子。

创设不同的情节空间

运用与设计户内外空间,以引导孩子进入想象空间,例如利用一木栈桥或障碍路径带领幼儿进入一个特别的场景,如户外的攀爬体设施变成一个火箭,室内的积木建构区与娃娃家也可转化成一个特别的游戏世界——运用积木可以盖出故事场景的建筑物或桥梁。

共享一个想象情境,一起进出情境

运用仙女棒或一个象征物,如门栏、隧道、椅子等,或者是穿着戏服,带领孩子沉浸于想象世界,一起进出那个想象世界。

计划待解决的问题情境

绘本情境中原有的待解决问题或临时加入的情境问题都可以运用,例如在《夏绿蒂的网》绘本情境中,可以引出农夫朱克曼的农场里的虫子正在吃果园的苹果问题;《母鸡萝丝去散步》绘本情境中,可以带出必须紧急地帮萝丝的表兄画张安全抵达农场的地图的问题。

教师间的角色

为了深化游戏,帮助孩子解决问题,教师可以与孩子一起扮演,可以是游戏的伙伴,也可以与孩子一起共同解决问题,或带领孩子经过整个游戏世界的历程。而且教师间必须互动,一位提出问题,一位引导孩子共同解决,创造孩子的最近发展区。

2. 图画书 STEM(Picture STEM)

"图画书 STEM"是以普渡大学为主的研究团队,针对幼儿园到小学二年级儿童开发的 STEM 课程,运用一个假想的工程挑战情境,例如从电子邮件中得知的请托讯息,并使用不同的绘本伴随幼儿投入工程挑战历程,作为支持以学习解决这一问题之相关知能。过程中幼儿依据教师有意铺陈的工程程序——定义问题、学习问题背景知识、规划解决方案、设计模型、测试模型与做决定,一步步地解决这一工程挑战问题,整个课程的目的在于学习 STEM、计算器思考与阅读等(Tank, Pettis, Moore, & Fehr, 2013; Tank, Moore, Pettis, & Gajdzik, 2017)。

例如在幼儿园的"手提纸篮"设计单元中,共有六个活动,引起动机的安排是,幼儿收到麦克斯与劳拉电子邮件的请托问题——两人想要开石头收藏展,但没有时间制作手提纸篮,所以待解决的问题是帮助二人设计手提纸篮,让自然馆石头展的参观者盛装喜爱的石头。幼儿在课程单元中陆续阅读《如果你找到一颗石头》《做树的朋友》《我弄湿了》《型式鱼》《最非凡的东西》《摇滚、牛仔与忙碌的机器》六本绘本,这些绘本伴随解决问题的历程,帮助幼儿理解石头与纸的特性、模式花样等。重点是在此过程中,因这六本绘本的激发,幼儿历经探究纸的特性、测试干与湿纸可盛载石头的力量、创造纸张的编织型式、以干湿石头测试所编织的手提纸篮等 STEM 整合性活动(Tank, Moore, Pettis, & Gajdzik, 2017)。

3. STEM 制作与修补(Making & Tinkering with STEM)

《STEM 制作与修补:与幼儿解决制作上的挑战》是美国全国幼儿教育协会(National Association for the Education of Young Children, NAEYC)出版的专著(Heroman, 2017),提供了 3—8 岁孩童修补、制作与工程挑战活动,这些活动可为学习 STEM 奠定基础,而这些活动经验都源自绘本中角色人物所面临的问题。例如《三只山羊嘎啦嘎啦》绘本中,三只山羊要过桥到河对岸吃绿草,但桥下有一只巨怪,怎么办?解决方案是帮山羊再建一座桥,使其不用通过怪兽之处,因为每一种工程任务都必须考虑限制与必要条件,这样的设计挑战让幼儿去探索工具与材料,开启工程制作之路,也整合了数学、科学、技术、艺术等方面的发展。

重要的是,这些工程任务应具有低门槛、高天花板与宽墙面的特点,也就是对于年龄较小的幼儿,教师可允许他们探索工具与材料较长时间后,再进行制作;对于年龄较大的幼儿,可延伸与微调这些工程挑战,使其更加具有挑战性与复杂性,并且允许他们以不同方式或路径去探索这些挑战,简言之,教师必须先充分了解幼儿,方能调整绘本情境上的挑战,以符合不同孩子的需求与兴趣。

4. EiE 的小工程师(Wee Engineer)与幼儿园工程基础(EiE for Kindergarten)

"小工程师"是波士顿博物馆开设的工程基础课程(Engineering is Elementary, EiE),适合 3—5 岁的学前幼儿。大体上是老师运用木偶向幼儿介绍一个特定的工程问题(工程挑战),在与幼儿互动中引导其进入工程世界。以下是一些教学情节,首先是木偶出场:"嗨!我是工程师,你认为工程师做什么工作?""工程师思考如何制作东西,像蜡笔、鞋子、枕头。"接着提出工程问题:"嗨!小工程师,我有一个问题,你会帮助我吗?我的问题是,地板太硬无法睡……你们可以当工程师吗?想一想如何制作一个舒服的枕头,让我可以睡在上面?"

然后木偶又说:"工程师制造东西时有步骤,我知道有一首歌可以帮我们记住这些步骤。"在教唱工程歌后,老师配合"探索、创造与改进"的工程历程海报,说明这三个步骤涵义。例如,做一个发声器、做一个可以把球吹很远的扇子、做一个能够把积木塔破坏的槌球、做一个能漂浮的筏(Museum of Science, Boston, 2016-2018),都是"小工程师"的工程挑战活动。至于幼儿园阶段的课程,是"幼儿园工程基础",教师则用肢体扮演的方式引出问题挑战,例如假装要作画却没有笔,或用钝的与没削的笔,问幼儿:老师面临的问题是什么?我要用什么技术用品解决问题(Museum of Science, Boston, 2019)?

以上几个 STEM 课程都不是让幼儿直接面对生活中真实问题以生成课

程,有的是运用绘本中的情境提出有待幼儿解决的问题,例如概念性游戏世界、STEM制作与修补,但是这些绘本情境可以延伸或微调,如概念性游戏世界的绘本《母鸡萝丝去散步》情境,可临时加入假想情境——帮萝丝的表兄画张安全抵达农场的地图的挑战问题;STEM制作与修补中所运用的绘本《一个爱建筑的男孩》(Iggy Peck Architect)情境,可由建造一座高楼改成建造一座桥或吊桥的挑战问题,也涉及假想情境。而其他两个课程的问题来源则完全是假想的情境——以木偶与幼儿互动、老师肢体扮演、电子邮件内容引出待解决的问题。所以绘本与假想情境确实可以运用于幼儿STEM教育中,以传达待解决的问题或让幼儿面对挑战,同样也可让幼儿体验解决问题的历程,达到STEM教育目标。当然如果能让幼儿直接面对生活、游戏中的真实问题或挑战,那是最好不过了。如前所言,考虑到教师的心理压力,将问题预先思考及设计,或是通过绘本及假想情境预先设计课程,不失为权宜良策。

(二)课程架构之形塑

本课程架构建立在多年主题探究课程的研究基础上,并且为了减轻教师生成课程的压力,也充分思考如何在课程中传递问题与挑战,归纳结论为:为让教师心安可预先构思与设计,而且也可运用绘本及假想情境。整个课程架构之形塑除基础的主题探究课程研究外,共有三种来源。

1. 参考STEM教学相关文献

本课程架构发展之际也参考了许多发表的文献,这些文献多是学者致力于STEM教学之研究所得,例如康赛尔等人(Counsell et al., 2016)的《幼儿STEM学习:斜坡与路径探究教学》,殷果赫等人(Englehart et al., 2016)的《STEM游戏:区角整合性探究》,穆莫(Moomaw, 2013)的《幼儿STEM教学:科学、技术、工程、数学的整合活动》,赛利(Selly, 2017)的《户外STEM教学:适合幼儿的活动》,泰克斯利和鲁德(Texley & Ruud, 2018)的《STEM素养教学:3—8岁建构取向教学》,兰奇、布伦尼曼和曼诺(Lange, Brenneman & Mano, 2019)的《学前教室中之STEM教学》等。

2. 参考坊间推广的幼儿STEM课程

幼儿STEM课程架构之发展也参阅了一些正在推广中的课程,例如上述澳大利亚的"概念性游戏世界"、美国的"图画书STEM"、波士顿博物馆的"小工程师"与"幼儿园工程基础"、专门针对启蒙(Head Start)教室而发展的"STEM小种子"(Seeds of STEM)(Dubosarsky, Cyr, Bostwick, & Grudoff, 2016; John, Sibuma, Wunnava, Anggoro, & Dubosarsky, 2018)等。

3. 参访机构或幼儿园

此外,研究者也赴一些幼儿园参访其实施的STEM课程,最负盛名的是收托0—6岁幼儿的美国加州理工大学儿童中心的STEM课程与环境,当日与该中心主任苏珊·伍德(Susan Woods)长谈以汲取经验并进行课程架构建构之省思。

综上以多年主题探究课程研究为主的数项经验,研究者遂提出幼儿STEM教育的初步架构,其后在幼儿园辅导中试行、修正与发展,最后提出"幼儿STEM教育课程架构"(周淑惠,2019)。因此此一架构具落地可行性,由经度与纬度两个向度所构成,在生活与环境中以探索为纬度、以解决探索中各类问题为经度,经纬纵横交织成幼儿STEM课程,如图3-1-1所示。

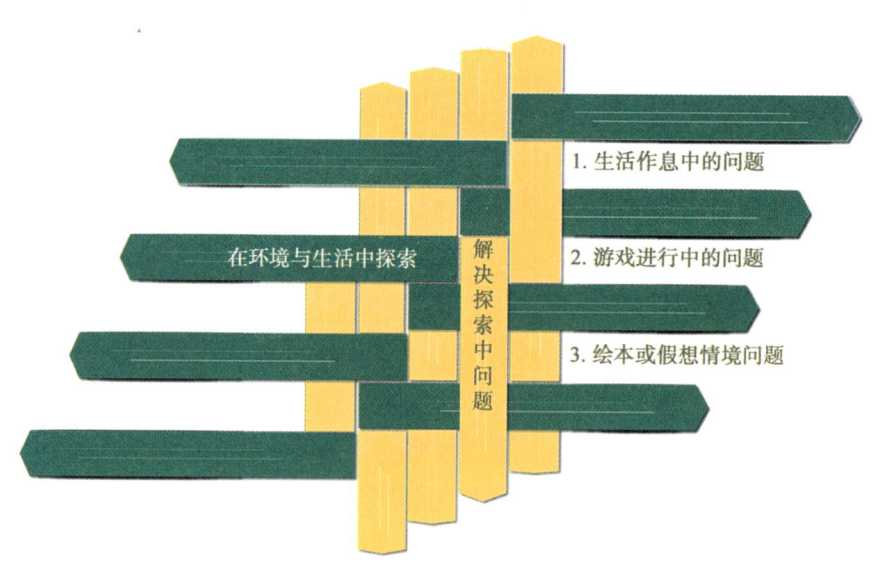

图3-1-1 幼儿STEM教育之课程架构

二、课程架构之构成内涵

课程架构由经度与纬度交织构成,其涵义如下。

(一)课程架构纬度:在环境与生活中探索

STEM 教育旨在面对生活中的真实问题并设法解决,因此在生活中与户内外环境中游戏/探究是幼儿 STEM 课程之不可或缺部分。如第二章第二节幼儿 STEM 教育之硬件基础——STEM 探索物理环境所言,幼儿园首须充实内、外在环境及资源,并使其有利于 STEM 探索。亦即幼儿园立基于安全、健康且丰富环境基础之上,无论是户内外环境都须尽量强化其 STEM 元素,例如室内区角玩教材包含各类玩教材(建构性积木、编程玩教具、运用 AR 与插电玩教具),供探究及制作的工具与材料,运用科学原理自制的玩教具;室内公共空间墙面安装涉及科学原理的操作或工程组装设计;户外环境资源所强调之 STEM 元素包括运用自然元素、附加零件、游戏器材结构、户外艺术与其他等。其次是要允许幼儿自由探索与操作,可在户内外环境中尽情游戏与体验,也就是开架展示、自由取(使)用及开放区域空间;并确保幼儿具有充分足够的自由探索时段,让游戏化的探索、学习能持续一段时间并足以产生一些成果。

此外,幼儿园一日生活除户内外探索或学习时间,还有其他生活时间如吃饭、午休、如厕时间等,以及作息活动间的转衔时间,这些时段均可加以利用,使其成为 STEM 探索的良好机会。例如:洗手时水流到哪里去了?用肥皂洗手搓揉时涌出的闪亮泡泡是什么?老师的座椅为何可自由转动与滑动?厨房阿姨是怎么把树上的柠檬变出好吃的柠檬汁的?午睡时天花板的微弱光影是怎么形成的?生活中实在有太多的事件、物品可以探究;其实日复一日规律、可预测的作息——吃饭、收拾清洁、如厕、午休前故事、午休、起床音乐与叠被收拾……就是数学中的型式(pattern)。总之,在户内外环境与生活中探索的素材或事件是发展课程的重要资源,是幼儿 STEM 教育的必要条件,也就是幼儿 STEM 教育课程架构中的纬度。

(二)课程架构经度:解决探索中各类问题

幼儿在环境与生活中探究时,一定会面临许多疑惑或问题,教师可将幼儿面临的两类型待解决问题或挑战抽绎出并与幼儿共构 STEM 课程。这两类问题是生活作息中的问题、游戏进行中的问题；一类问题是根据真实状况萌发生成的，而为减轻教师压力，当然也可通过预先思考及设计以传递或呈现。另一类问题是绘本与假想情境问题，它可让教师预先设计及准备，减小心理负担，是很好的传递问题与挑战的渠道；当然教师也可以在教学情境中将绘本或假想情境临时信手拈来，让幼儿体验解决问题或面对挑战的历程，这完全视教师的能力与信心而定。这些问题所形成的课程可以在个别区角中进行，也可以在分组活动中进行，或在团体活动中进行；其呈现可以是短时间个别的 STEM 探究活动，也可以是较长时间的 STEM 探究主题形式。

1. 生活作息中的问题

生活作息中有许多的问题可吸引幼儿探索并设法解决，不仅充满趣味，而且可培养 STEM 知能，这些问题涵盖室内外的各个方面，不胜枚举。例如：如何让播种后蔓延的小黄瓜苗直立伸展并茁壮生长（如搭建支架或瓜棚让瓜苗攀爬）？在教室中如何方便搬动区角的积木、玩具或书本（如做一部可移动的简易小手推车）？如何在教室的夹层阁楼上轻松取到楼下的玩具（如装上滑轮装置或以硬纸卷筒、绳索与篮子制作简易的类滑轮装置）？如何让教室的小仓鼠快乐（如帮它盖一座有房屋、滑梯、楼梯，甚至转轮的游乐园）？长假期间幼儿园室内外中的花草如何能自动浇水（如运用水桶加棉线延伸至植物盆中）？楼梯间的格栅间隙太大，要怎么样才能保护大家（如以绳索围绕栏杆制作安全围网）？在环境保护意识下，如何将纸张回收再利用（如制作再生纸、以影印过的白纸制作纸藤篮等）？以上这些生活中的问题可以是生成课程的来源，教师与幼儿共构萌发性课程；它也可以是教师预先构思与设计的，让教学在充分准备下进行。

2. 游戏进行中的问题

儿童的游戏即生活，游戏是儿童的重要生活，有时甚至与生活难以区分。幼儿在进行游戏时也有许多的问题可探究并需加以解决，这类问题包罗万象。例如：户外游戏时，如何运用现有素材在大树下制作好玩的秋千或跷跷板？如何运用竹竿、塑料布、纸箱等回收素材搭建好玩的帐篷或游戏小屋？如何把水龙头的水经过沙堆引到土堆，并做成可玩赛船的水塘或一泻而下的壮丽瀑布？在区角玩自制陀螺时，如何改良让陀螺转得又稳又久？

如何让弹珠游戏在有坡度的木板上滚得又快又远或更好玩(如可自由调整斜坡、有得分设计)？想让说故事方式更多元变化与有趣,可以怎么做(如制作卷轴故事架、影偶戏台等)？而以上这些游戏中的问题,如生活中的问题般,可以师生共构萌发性课程,也可以是教师预先构思与设计的。

3. 绘本或假想情境问题

如前所述,生活与游戏中萌发的问题要生成课程,可能带给教师很大的压力,因此,运用区角现成绘本中的问题或挑战预先构思活动或课程,利用幼儿易于入戏的特质,使其投入故事情境中设法帮忙解决问题或是面对挑战,是教师实施幼儿 STEM 教育很好的渠道。例如:在《三只小猪》绘本中,如何帮助猪二哥使其盖的树枝房子稳固,不被风吹倒？《从树上掉落的无尾熊》绘本中,如何帮助掉落的无尾熊安全回到树上？甚至绘本情境问题也可延伸或假想,与生活及游戏中问题结合,如《三只小猪》绘本中的猪小弟想要房子外面有跷跷板玩,你可以帮助猪小弟吗？此外运用木偶(棒偶或填充娃娃)对话、教师肢体扮演、或是口头述说等方式提出假想情境,引出生活或游戏中有待解决的问题或挑战,虽非直接面对生活或游戏情境中的真实问题,但还是可以让幼儿同样历经解决问题过程,同时带给教师诸多的安全感,又可预备幼儿探究的舞台,也是很好的呈现问题方式。当然,教师如果能将绘本或假想情境当场信手拈来传递问题或挑战给幼儿,让教学能弹性因应情境所需,是最好不过了。

(三) 经纬度交织成幼儿 STEM 课程

STEM 教育之课程架构是以具体可见的户内外环境及生活中探索为纬度,在环境具 STEM 探索氛围、幼儿也习于在生活中探索后,再以解决所遭遇各类问题为经度,发展 STEM 课程。即教师让幼儿面对生活与游戏中的问题或挑战,或是通过绘本或假想情境传递挑战或问题,而无论是哪一类问题皆可预先构思与设计为课程,或直接让幼儿面对生成课程。幼儿 STEM 教育建立在生活、游戏、绘本或假想情境问题之上,所以让幼儿在环境与生活中探索是幼儿 STEM 教育之必要条件,建立 STEM 探索物理环境甚为重要,已于第二章第二节论述。至于 STEM 教育之课程形式可以是短暂、个别活动式的 STEM 探究,也可以是较为长期、以主题整合式的 STEM 探究,将于下节探讨。

综上所述,以上经纬交织的课程架构中显现以下几项 STEM 教育的设计与实施原则,指引了课程实施的具体方向:① 优化户内外环境并容许幼儿在环境中探索;② 选定生活和游戏中问题与幼儿共构或预设 STEM 课程;③ 善用绘本或假想情境为渠道让幼儿入戏解决问题或面对挑战;④ 以预设课程增教师信心与备幼儿探索舞台;⑤ 课程设计反映探究、解决问题、工程活动与领域整合四个特征;⑥ 逐渐减少教学主导并提供适当鹰架(周淑惠,2019)。这些设计与实施原则将陆续在后续章节内加以阐述。

第二节　幼儿 STEM 教育之课程类型

如上节所述，幼儿 STEM 教育之课程架构指引了课程的方向与路径，本节旨在探讨与说明幼儿 STEM 教育的课程类型，包含课程分类之考虑及课程类别之说明，让有心实施者便于衡量自身状态，决定从何做起，有利于 STEM 教育顺利开展与落实。

一、幼儿 STEM 教育之课程分类考虑

STEM 教育旨在让学生面对生活中的问题并设法解决，依此思维临时生成的"萌发课程"最能反映 STEM 教育的意涵与精神。然而如上章所言，萌发课程非常考验教师的能力，给其带来很大的压力，由此，基于幼教现场落实之现实考虑，笔者建议 STEM 新手教师从预先设计的课程开始试行，逐渐进阶到生活中临时萌发的课程，以符合课程改变的渐进原则。幼儿 STEM 教育课程进行的形式可以是个别活动方式，也可以是以主题整合一系列活动的方式，即"活动式 STEM 探究"与"主题式 STEM 探究"。从课程改变之渐进原则考虑，宜由活动式 STEM 探究开始尝试，逐渐扩展至主题式 STEM 探究。这样在"课程形式"向度上有活动、主题两类，在"课程缘起"向度上有预设、萌发两类，两向度共同交织成：预设的活动、萌发的活动、预设的主题与萌发的主题四大类课程；而在每类课程中都包括三类情境问题或挑战：生活、游戏、绘本或假想情境，共计 12 小类幼儿 STEM 课程，如表 3-2-1 所示。

表 3-2-1　幼儿 STEM 教育之课程类型

源起	形　式					
	活动			主题		
预设	预设的活动			预设的主题		
	生活	游戏	绘本或假想情境	生活	游戏	绘本或假想情境
萌发	萌发的活动			萌发的主题		
	生活	游戏	绘本或假想情境	生活	游戏	绘本或假想情境

二、幼儿 STEM 教育之课程类别说明

本处简介幼儿 STEM 教育进行的两大形式课程——活动式 STEM 探究与主题式 STEM 探究,并以这两大形式课程为主,大致简介其下的幼儿 STEM 教育各个课程类别。

(一) 活动式 STEM 探究

活动式 STEM 探究,顾名思义是个别活动式的 STEM 探究,基于主题探究课程的各领域探究性活动,除了重视探究力的运用外,还着重以制作物解决问题,也称"STEM 探究活动"。通常活动时间较为短暂,有预设与萌发两种来源,每种来源都有生活、游戏、绘本或假想情境三小类,共计六类活动式 STEM 探究,即表 3-2-1 浅绿底色部分。

笔者曾建议初次实施 STEM 教育者,先从一个星期进行一至两次 STEM 探究活动开始着手,这些活动内涵基本上必须具有 STEM 教育特性——解决问题、探究、工程历程、领域整合。以第四章体验轻黏土结构平衡的"我盖最高的塔!"(图 3-2-1、图 3-2-2)活动为例,这是一个解决游戏中问题的挑战——如何使轻黏土结构高耸不倒塌?在活动过程中,幼儿面临的挑战是设法让整个轻黏土结构不仅可平衡站立不倒塌,而且要有相当的高度,在一面试着搭建高结构体时,要一面运用观察、推论、预测、行动验证、比较等能力去探究如何能高耸稳立,而且也要一面调整、修正以寻求整个结构体的平衡。它涉及重心与平衡的"科学"原理、结构体的"工程"搭建、美感

的"艺术"呈现、各色轻黏土球揉搓数量的"数学"计算,还有感受轻黏土球与竹签人类智慧产物以及运用揉搓与戳入黏土球的手法"技术"。

图3-2-1 我盖最高的塔！　　　图3-2-2 我盖最高的塔！

以上"我盖最高的塔!"活动属于幼儿游戏中的挑战,乃通过假想情境传递问题;而第四章另两个示例活动"地瓜在哪与如何野炊?"属于生活中的问题,"我的创意楼房!"是运用《100层楼的家》绘本情境的挑战。而以上三类问题的来源,是教师预先设想并加以设计的教学活动,如"我盖最高的塔!"是教师考虑这样的活动可让幼儿在游戏与制作中探究与解决如何盖出既高又稳的高塔问题,于是通过假想情境加以设计,这假想情境例如"小天在玩纸黏土时发现可以和牙签结合搭建高塔,可是他盖的塔一直不稳无法加高,你可以帮小天盖一座最高的塔吗?"不过这个活动也可以是教师在艺术区角看到幼儿试图揉搓并连接数团轻黏土时,临时萌发生成的课程或活动。

再如"地瓜在哪与如何野炊?"活动可以是教师于学期初规划整学期课程时,预想秋天正好是园中地瓜成熟季节,这样的活动不仅可让幼儿在生活中体验采摘地瓜与认识其生长样貌,而且也能使其体验搭建可燃火烹煮的稳固炉灶,于是刻意预先设计;不过它也可以是户外活动时教师意识到地瓜成熟了,临时萌发生成的活动或课程。又如"我的创意楼房!"活动是教师看了绘本《100层楼的家》后刻意设计的,想让幼儿体验用素材搭建高楼并从中解决问题,于是以帮主角小天盖楼房为由,请幼儿帮忙;同时也有可能是教师发现幼儿对此绘本很有兴趣后,临时萌发而生成的活动或课程。

其实活动式STEM探究虽是个别活动取向,也有可能延伸成较长期的主题式STEM探究,例如上述轻黏土平衡结构活动"我盖最高的塔!",初始可以让幼儿自由探索一般的平衡结构,也可以请幼儿探索最高、最漂亮的平衡结构,当然也可以探索最奇特的平衡结构;接着可以运用不同材质的材料搭建并比较其差异(如真黏土、海绵、棉花糖、软糖、胡萝卜丁、牙签、烤肉长签等);又或者当幼儿个别搭建后,鼓励小组成员合作并组成另一个新的结构体(幼儿必须重新找寻结构体的重心使之平衡稳固)等,都是可以外扩延伸的方向,聚集成为一个"平衡结构体"主题。

换言之,针对同一STEM探究活动提供多元材质,不同情境(个别、合作)与工作要求(一般、最高、最奇特、最漂亮的塔),自然地延展成围绕在同一主题"平衡结构体"的一个主题式STEM探究。如图3-2-3每一个方框都是一个STEM探究活动,最后集结成松散的主题式STEM探究。较严谨的主题式STEM探究需先分析与绘制主题概念网络图,如在"平衡结构体"主题之下,先有材质、情境、工作要求等概念分析,再设计概念下各个活动。

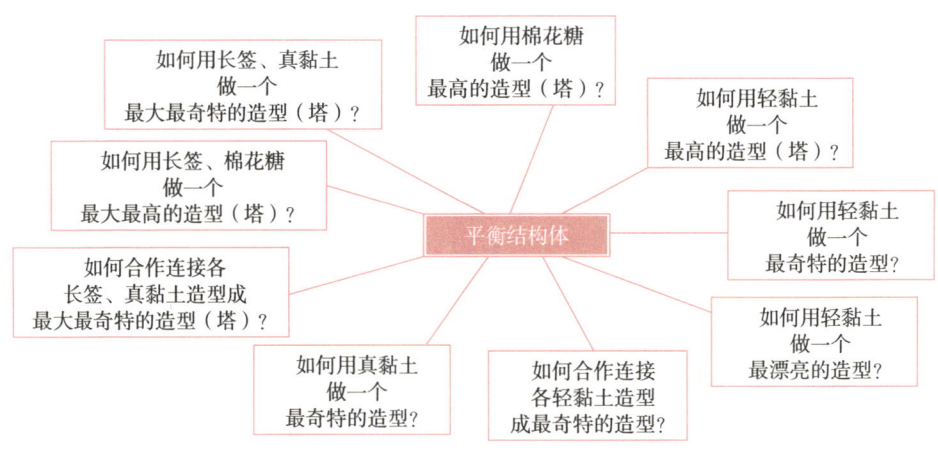

图3-2-3 平衡结构体STEM探究活动也可以延伸为主题式STEM探究

笔者之所以鼓励从个别活动开始进行STEM探究，就是希望教师从简单的一点一滴积累，慢慢延伸稳固，建立信心，有朝一日能力成熟，则自然形成主题式STEM探究。

(二) 主题式STEM探究

主题式STEM探究顾名思义与主题有关，建立于主题探究课程之上，以主题脉络整合概念与活动的方式，开启了STEM探究，其下的各领域探究性活动都是在同一主题的脉络情境中，而其中有些探究性活动则以制作物解决问题为导向（即"STEM探究活动""活动式的STEM探究"），整个构成了主题式的STEM探究课程，亦称"STEM探究主题"。主题式STEM探究通常是要进行一段时间的，有预设与萌发两种来源，每种来源都有生活、游戏、绘本或假想情境三小类，共计六类主题式STEM探究（表3-2-1黄色部分）。主题可以是萌发于生活中的问题或挑战，例如"黄瓜生长记"主题——如何种植、照顾播种后的小黄瓜以及解决苗芽四处蔓爬问题？"让生活方便的轮子"主题——如何制作可移动的说故事框架、小推车与上下平台升降篮等，以方便幼儿于区角中使用？"小仓鼠大快乐！"主题——如何帮教室豢养的小仓鼠制作可住、可玩的游乐设施？

主题也可以是萌发于游戏中的挑战问题，例如"我爱帐篷"主题——幼儿在游戏场想用枯树枝与塑料布搭建能稳立不倒的帐篷，"弹珠溜滑梯"主题——想让弹珠在有斜度的木板上溜得又快又远又可比赛计分，"水乡王国"主题——想从水源处挖渠引水在沙堆中建盖城堡、护城河、水塘与水库等。主题当然也可萌发自绘本情境，例如孩子在看了《100层楼的家》绘本后，一直试着用积木搭盖高楼，但是房子老是倒塌或不稳，"高楼大厦"主题自然萌发了。然而萌发的主题难免涉及一些科学原理，给教师很大的压力，通常是有经验的教师较能掌握并发展成课程，所以本书也认同预设式的主题，即教师预想或假想生活或游戏中有意义的主题或问题，或运用现成的绘本情境或搭配假想情境，设计活动让幼儿解决。

举例而言，教师环顾教室与区角，其中缺乏一些让生活便利的设施，如可四处拉动的说故事框架、运送区角物品的小手推（拉）车、可让幼儿在教室高台轻松取到地面物品的滑轮运送设施，想让幼儿在试图解决生活问题历程中探究轮轴原理，便设计了"让生活方便的轮子"主题。再如教师观察到，幼儿很喜欢玩沙与水，但都玩不出深度，于是特意设计了一个"水与沙的故事"的主题，让幼儿在游戏中设法解决问题并充分体验沙与水的特性，并且运用假想的故事情境来传递问题——王国经年遭受干旱之累，必须盖水库储水以备不时之需，引发幼儿从水源处克服困难挖渠引水至沙池，并在沙堆中建造大小城堡、水库、水塘、瀑布、河流、护城河等。如前所述，运用绘本情境中的问题预先设计主题，也是很好的 STEM 探究切入点，如教师运用《三只小猪》《100 层楼的家》绘本的故事情境，预先设计"房屋"主题让幼儿探究房屋相关概念与从中经历如何解决问题，如"如何稳固树枝屋？""如何搭盖小木屋？""我的创意楼房！"等。

不过很重要的是，在整个主题的进行中，其下的一些产生制作物的 STEM 探究活动，基本上必须具备 STEM 教育的特性——解决问题、探究、工程历程、领域统整。例如与幼儿生活相关、也可源自绘本的"房屋"预设主题在进展过程中，对于这些 STEM 探究活动，如"建筑与装潢"次概念下的"我的创意楼房！"，"家具"次概念下的"我的创意木工家具！"，"旅游住的房"次概念下的"自制帐篷露营趣！"，幼儿必须一面运用观察、推论、预测、搜寻数据、行动验证、比较等能力去探究，一面着手制作、历经工程程序的调整、修正，才能解决问题让房屋、帐篷或家具结构平稳成型。可以说，在整个建盖或制作的"工程"与解决问题历程中，自然涉及平衡、重心、结构力学等"科学"原理；运用测量、计算等"数学"知能；当然也会使用槌子、锯子、热熔枪、尺等工具与上网查数据、测量等"技术"于行动中；甚至也自然会触及建物或家具的美感质量的"艺术"呈现。

第四章

幼儿 STEM 教育之课程设计与实施原则

　　幼儿 STEM 教育的课程架构与类型指引了课程的开展方向与路径,已于前章探讨,本章开始进入幼儿 STEM 教育之实务层面——课程设计与实施。第一节的课程设计原则含三步骤与三要素原则,并举例说明如何具体设计;而设计后之实施与互动也是重点,因此第二节则是探讨幼儿 STEM 教育之课程实施原则,分别从教师、幼儿与教学互动三个层面说明如何实施与互动,以促进 STEM 教育真正落实。期盼本章内容能对有心实施幼儿 STEM 教育者有所裨益。

第一节　幼儿 STEM 教育之课程设计原则

笔者倾向渐进地推进课程革新，以确保具体落实，例如，从活动式 STEM 探究发展到主题式 STEM 探究，从预设课程进展到萌发的课程。不过即使是萌发的课程，也希望教师能私下先行设计与探究，以达到增加教师自身信心与准备幼儿探究舞台的目的。因此本节旨在介绍幼儿 STEM 教育的课程设计原则，包含三步骤与三要素的设计原则，以及举一个 STEM 探究活动与一个 STEM 探究主题，详细说明幼儿 STEM 教育应如何设计。

一、设计原则——三步骤与三要素

幼儿 STEM 教育的课程设计原则含设计步骤与设计要素两个方面。

（一）设计三步骤

首先就设计步骤而言，STEM 教育的重要特征就是面对生活中的问题，以探究方式，历经工程程序并自然整合技术、数学、科学等学科领域，最后产生制作物解决问题。而为了确保课程反映 STEM 特色，除了遵照第二章第三节建议——以主题探究课程为基础，多加引导以制作物解决问题，并检视 STEM 各领域成分外，也可遵照设计三步骤而行——选定问题与设计、探究问题内涵、分析 STEAM 要素与调整，无论是活动式 STEM 探究或主题式 STEM 探究都遵循了这三步骤，说明如下。

1. 选定问题与设计

幼儿 STEM 教育设计的首要步骤就是选定问题，再加以设计。活动与主题的问题来源有三个：生活、游戏、绘本或假想情境，教师要寻找及预先思考生活、游戏、绘本或假想情境中值得面对的挑战或待解决的问题，例如日常作息中，有什么生活不便的问题或是如何使其更为便利的想法？幼儿的户内外游戏中，有什么问题或挑战是值得幼儿探究解决的？绘本中，有什么情境问题是可让幼儿协助解决或面对挑战从中学习的？通过什么假想情境可以传递生活、游戏或绘本中重要问题或挑战呢？很重要的是，以上各项考虑必须兼顾幼儿的兴趣。综上，教师在选择待解决的问题或挑战时，必须经过分析与思考,特别是主题式 STEM 探究,在众多的概念与活动中,有哪些问题或挑战较为适合进行 STEM 探究并能产生制作物,而且幼儿们也很感兴趣非常愿意投入? 而在选定问题后才加以设计活动内涵,让幼儿体验 STEM 探究、工程历程与运用各领域知能。

2. 探究问题内涵

在选定某一问题进行设计时,教师对于所选定的待解决问题(或挑战)必须加以探究,即了解与回答几个英文字母 W 与 H 开头的提问。首先是为何(Why)做这个活动,即了解活动目的、活动涉及什么或幼儿能获得什么概念与知能;其次是做什么(What),与如何做(How),即知道幼儿在过程中主要的行动与制作物是什么以及要怎么做。也就是教师须先行探究制作物的外观形式、结构与功能,并且了解制作所需的材料、技术与工具等,才能了解幼儿在探究过程中可能会遇到的困难,也才能预先准备幼儿探究的舞台——检视园内现有的材料、工具与技术,规划幼儿探究行动的地点(Where),考虑分组状况与估算及准备所需材料、技术与工具的类型与数量(How many、How much),让活动设计立意得以实现。

以上种种探究便于教师自身理解活动所涉及相关概念与知能,可把活动目标谨记在心,使活动进行时不会偏离主轴;而且也可以先了解幼儿可能遇到的困难,预先思考引导鹰架与互动技巧;更可为幼儿准备探究的舞台,并能增加自己的教学信心。至于探究待解决问题的内涵,可以在设计活动内容之后,才加以深入探究;也可以一面设计一面探究;当然也可以在选定问题、设计之前,先进行探究再加以设计,主要看教师对这个有待解决的问题的概念与知能之熟悉程度。

3. 分析 STEAM 要素与调整

最后则要分析它所含括的 STEAM 成分,即科学、技术、工程与数学等各领域成分,并且加以适当调整,以便更能符合 STEM 教育精神与特性。如第一章所述,在幼儿教育强调全人发展的基础上,笔者仍持 STEM 一词而非 STEAM、STREAM 等,以回应 STEM 教育提倡的初衷,但是此处因具有检核表性质,所以特别纳入人文艺术(A),以提醒活动与课程设计要将理工与人文领域并重。通常是在探究所选定问题内涵后,若发现 STEAM 成分不足,则可以设法补强;不过也可以在选定问题之际,先对这个待解决问题所涉及的STEAM成分加以分析,若STEAM成分不足,就不选择这一问题;当然也可以在探究问题内涵阶段进行STEAM成分分析。

所以以上选定问题与设计、探究问题内涵、分析STEAM要素与调整,虽然是三个步骤,但是在实际进行时,有部分是重叠的,如图4-1-1所示:长条图左右宽度代表可能进行的时间,因此探究问题内涵可能在选定问题后、投入设计时或设计完成后;分析STEAM要素与调整可能在选定问题后、投入设计时、设计完成后、探究问题内涵时或探究问题内涵后。整个三步骤设计之具体说明请见第二部分STEM探究活动与第三部分STEM探究主题之设计实例说明。

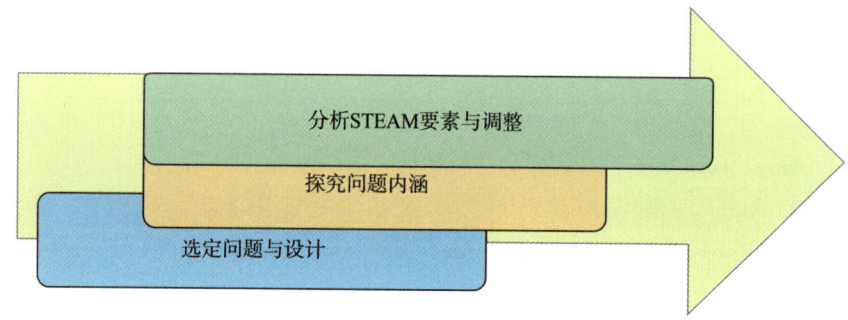

图4-1-1　幼儿STEM教育之设计三步骤

(二) 设计三要素

幼儿STEM教育的课程设计有三个课程与教学要素必须考虑——教学目标、教学内容、教学方法,三者各有其重要内涵必须于设计时顾及(周淑惠,2018b)。其实从STEM教育的四项特征——问题解决、探究、工程程序、学科整合看,不难理解STEM教育的设计目标、内容与方法为何如此定位。幼儿STEM教育之设计三要素如下。

1. 教学目标

幼儿STEM教育的教学目标在于:实现全人发展、引发好奇与探究行动、培养解决问题能力。我们都知道幼儿教育的总体目标是培养各领域均衡发展的完整儿童,即"实现全人发展",虽然个别活动无法达到全人发展,但也要尽量做到各领域整合。其实幼儿 STEM 教育其中两项重要特征是问题解决与探究,因此教学目标在"引发好奇与探究行动""培养解决问题能力",是理所当然的。此外也是很重要的,每个活动都有其特定的认知学习,即所要学习的概念或知能,在实际进行设计时,也是必须要纳入教学目标中的。

2. 教学内容

幼儿 STEM 教育的教学内容在于:生活化的设计、伴随开放有趣教材的游戏、跨领域的设计。幼儿 STEM 教育四大特征之一是解决问题,尤其是生活与游戏中的问题,因此"生活化的设计"内容很重要;另一特征是历经设计、制作、精进的工程历程,因此"伴随开放有趣教材的游戏",让幼儿可以操作与思考以产生优化的制作物,是设计 STEM 教育内容的重要元素;而学科整合本就是幼儿 STEM 教育重要特征之一,在内容上做"跨领域的设计"是必然的。

3. 教学方法

幼儿 STEM 教育的教学方法则为:充实与运用区角及户外环境,多以个别、小组取代团体活动,引导幼儿运用探究能力。在设计 STEM 教育时,这三项教学方法应预先筹谋规划纳入活动中,尤其在引导幼儿运用探究能力方面。因为幼儿 STEM 教育重要特征是探究与工程活动,思考如何在教学互动中,实质引导幼儿去观察、推论、查数据、预测、验证、比较、沟通等,达到精进制作物、解决问题的目的,显得特别重要。简言之,在设计幼儿 STEM 课程时必须预先思考如何在教学互动中搭建各种鹰架,引导幼儿进行 STEM 探究。

幼儿教师在设计 STEM 课程时,首须制定教学目标,再透过实质的教学内容与教学方法的设计,实现所制定的教学目标,以上 STEM 教育之设计三要素,可供教师参考,有如图 4-1-2 所示:代表教学方法的曲线长箭头由左下角指向右上角的教学目标,意味着透过三项"教学方法"的实施以达成重要的"教学目标";同时代表教学方法的曲线长箭头也承载着三项"教学内容",将教学内容加以传递与实现,最后达到教学目标。

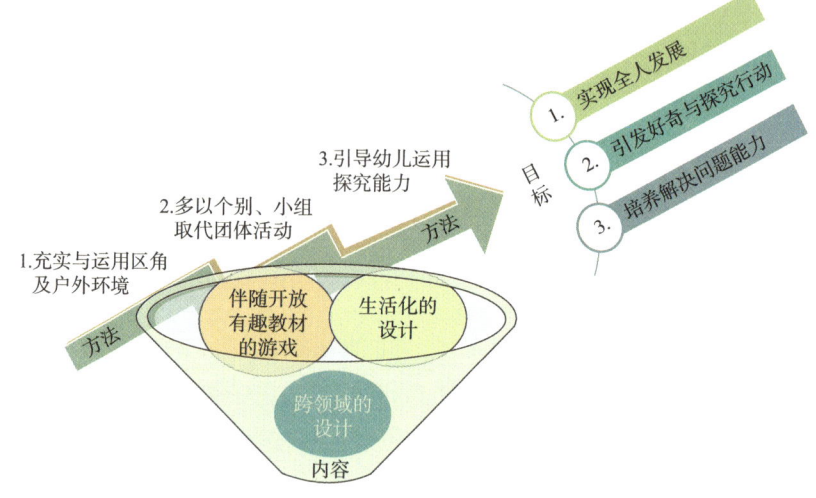

图 4-1-2　幼儿 STEM 教育之设计三要素：目标、内容、方法

二、STEM 探究活动之设计说明

此处以"地瓜在哪与如何野炊？"活动具体地说明 STEM 探究活动要如何设计，将依据 STEM 教育的设计三步骤加以分析，同时也分析此 STEM 探究活动设计所蕴含之三要素，以供读者参阅。

（一）选定问题与设计

暑假结束前教师正规划下学期课程，突然想到：秋日是幼儿生活中常见的地瓜成熟时节，设计一个让幼儿在园中自行寻找、采挖地瓜并就地烹煮的活动，这个源自生活的问题对幼儿而言确实有趣好玩，例如地瓜在哪里？如何采摘？如何就地搭盖能平稳置锅且燃火烹煮的炉灶？什么是可燃物？怎样才知道地瓜煮熟了？足以引发好奇与探究行动并解决面对的问题，不仅符合幼儿 STEM 教育的设计目标——引发好奇与探究行动、解决生活中的问题；而且要搭盖可燃火烹煮地瓜的平稳炉灶，幼儿可体验工程历程，符合以工程为核心活动的 STEM 教育。另外，此活动内容涉及多元概念与多个学科领域，例如地瓜的生长（科学）、炉灶工程的搭盖（工程）、可燃物的认识（科学）、食物烹煮的物理变化（科学）、地瓜食用切割分配（数学）、野炊小书的记录（语言）等，不仅符合跨领域的设计，而且也符合幼儿 STEM 教育设计内容的其他两项要素——伴随开放有趣教材的游戏、生活化的设计。

于是选定这个"地瓜在哪与如何野炊?"要解决的问题,开始着手设计活动内涵,整个活动设计内涵如表4-1-1所示。当然教师也可以另以简案方式列出主要流程,主要是看教师的能力。

表4-1-1 "地瓜在哪与如何野炊?"设计步骤1:选定问题与设计

活动名称:地瓜在哪与如何野炊?
活动目标:引发好奇与探究行动、培养解决问题能力、体验采摘地瓜与认识地瓜生长样貌、体验建盖结构平衡炉灶与简单的燃火烹煮现象。
准备材料:已烹熟的地瓜数个、大石块、砖块、大锅、大长筷或大长夹,燃火材料如树枝、火种、纸张等。
进行步骤: 1. 教师拿出煮熟的地瓜,当面切开请幼儿食用一小块后,告知校园里有地瓜,激发幼儿探索兴趣,然后和幼儿带着平板电脑到园里寻找地瓜。历程中提示幼儿为何地瓜被称为"地瓜",或引导幼儿搜寻平板电脑数据并与地面植栽比对。 2. 问幼儿:怎么从地里取出地瓜?需要什么工具?请幼儿立即自行拿取工具并试取。 3. 当幼儿取出地瓜时,问幼儿:如何就地烹煮食用?需要什么材料与工具?教师可引导幼儿运用平板电脑找出炉灶(烤炉)图片,并请幼儿分组设计,然后合作就地运用砖块、石头或土块等试着搭盖出来。 4. 搭盖过程中引导幼儿思考:如何搭盖结构平衡与能燃火的炉灶?即锅要想平稳摆放在炉灶上烧水烹煮,要如何搭盖?什么东西可当燃火材料?并请幼儿以行动尝试。允许各组别间搭盖不同形式的炉灶与运用不同的燃火材料,让幼儿当场比较,并拍照以便回教室后进行统整讨论(中大班有所区分,见"调整或延伸"第3点)。 5. 在等待地瓜熟软过程中,可请幼儿绘画、记录搭盖炉灶历程,完成地瓜野炊小书。在烹煮一段时间后,问幼儿如何知道地瓜已经可食用,或问幼儿早上吃的地瓜口感如何(软、甜)。引导幼儿以大长筷插入地瓜,看其是否熟软可食。 6. 待凉后,平均切开让大家快乐享用地瓜(可趁机引入数学),并在教师与义工家长帮忙下,一起收拾。
调整或延伸: 1. 本活动可用烤或蒸替代水煮,安全至上,可邀义工家长分组协助。例如搬运砖石时,务必叮嘱合作与协调地搬运;搭盖炉灶时,也要提醒小心堆砌每块砖石;燃火烹煮地瓜时,也要提醒火的危险性、水的温度与状态变化。 2. 本活动可分次进行,如寻找与认识地瓜生长样貌可先进行,第二次才进行搭盖炉灶野炊地瓜活动,视幼儿对植物生长与样貌有无经验而定。 3. 本活动可依年龄层弹性调整内容,例如中班比较强调寻找与采摘地瓜、搭建结构平衡的炉灶与认识较浅显的燃火烹煮现象如可燃物、食物烹煮物理变化。大班则可视人力与幼儿状况增引至较为深入的燃火烹煮现象,例如比较燃火材料的效果如干树枝、纸张与湿树枝等;比较不同结构样式炉灶的通风燃火状态,如砖石堆砌密实度、柴火通风口尺寸等;观察水的状态变化等。 4. 地瓜可做成不同的可口食物,如煎地瓜泥饼、炸地瓜球等。所需烹调工具、材料、技术也不同,可让幼儿探究,一系列探究活动甚至可形成一个STEM探究主题。

最重要的是,在设计活动时,要先思考活动情境与教学方法,尤其是如何引导幼儿运用探究能力如观察、推论、查数据、预测、验证、比较、记录等,去设法解决所遭遇的问题或面对的挑战,而非一味地告诉幼儿该怎么做。例如进行步骤1——和幼儿带着平板电脑到园里寻找地瓜。历程中提示幼儿为何地瓜称为"地瓜",或引导幼儿搜寻平板电脑数据并与地面植栽比对。目的在于让幼儿观察、探究地瓜可能在哪里。教师则在旁提示并引导幼儿运用科技产物查找数据、进行比较,以确认答案。再如进行步骤2——问幼儿:怎么从地里取出地瓜?需要什么工具?请幼儿立即自行拿取工具并试取。目的在于引发幼儿思考、推论、预测与验证,以取出地里的地瓜。又如进行步骤4——引导幼儿思考:如何搭盖结构平衡与能燃火的炉灶?即想要将锅平稳摆放于炉灶上烧水烹煮,要如何搭盖?什么东西可当燃火材料?并请幼儿以行动尝试。允许各组别间搭盖不同形式的炉灶与运用不同的燃火材料,让幼儿当场比较,并拍照以便回教室后进行统整讨论。以上设计充满让幼儿观察、推论、预测、验证、比较、沟通等机会,也具有记录功能。若在活动设计时,就能如上先思考在进行时要如何引导幼儿,就已达事半功倍之效,在教学互动时就能充满信心地支持幼儿的探究。

(二) 探究问题内涵

第二个设计步骤是教师先自行探究问题的内涵,包含对问题本身的理解及活动顺利进行的方方面面,例如:问题涉及什么概念、知能?整个活动的目的(为何做)?需产生什么制作物(做什么)?这制作物需要什么材料、工具与技术(如何做)?需要制作多少?在哪里制作?就"地瓜在哪与如何野炊?"活动而言,首先要思考为何要做这个活动,省思活动设计的目标——引发好奇与探究行动,培养解决问题能力,体验与认识地瓜生长样貌、结构平衡的炉灶及简单的燃火烹煮现象,使实际活动进行时能聚焦、不偏离所制定的目标;其次是思考与探究要做什么与如何做。即着眼于孩子在过程中做出平稳且能燃火烹煮的炉灶,以及这行动与制作物需要什么材料、技术与工具的支持。也就是教师对炉灶的结构、外观与功能须先自己探究,了解建造炉灶所需的相关资源与技术,才能了解孩子在探究过程中可能遇到的问题(如合作搬运砖石、水火安全问题等)与需要什么鹰架引导或协助,以及便于准备孩子探究的舞台——估算园内现有材料、工具或技术(如砖块、大石头、大锅、长筷等)够用否,需再准备吗,规划探究行动的地点(如园内种植园圃、校园泥土地可分几组?),让活动想法得以实现。探究问题内涵如图4-1-3所示。当然,如前所言,探究待解决问题的内涵可以在选定问题后、设计前;也可以一面设计一面探究;也可以在设计活动后,主要看教师对该待解决问题的概念与知能熟悉程度。

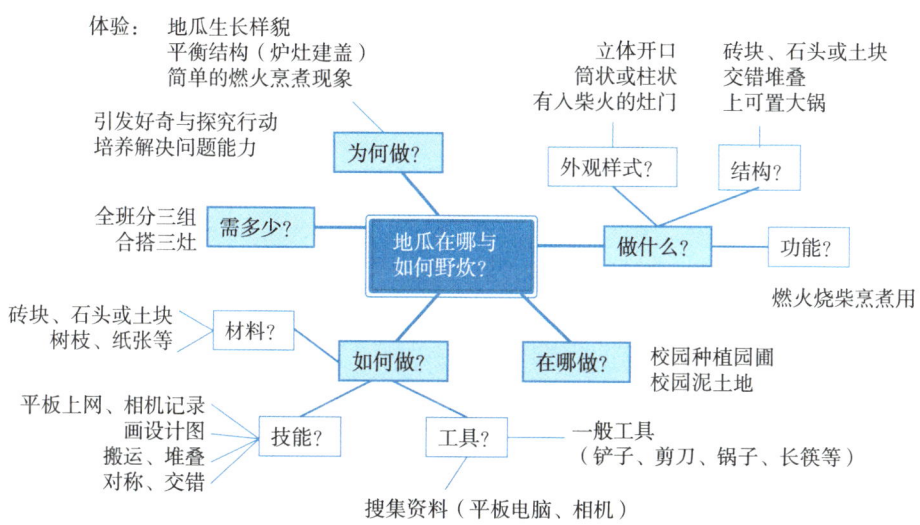

图4-1-3 "地瓜在哪与如何野炊?"设计步骤2:教师探究问题内涵

(三) 分析 STEAM 要素与调整

接下来的设计步骤是分析 STEAM 要素与调整。在一般状况下,教师设计完活动,也做了一定探究,了解所涉各领域知能,在活动进行前,教师则可进一步分析此设计活动的 STEAM 成分,如若哪个领域不足或较弱,则可稍事调整或强化,"地瓜在哪与如何野炊?"活动之 STEAM 分析如表4-1-2所示。不过如前所述,在最初选定问题之际,也可以先对这个待解决问题所涉的 STEAM 成分加以分析,或者是在设计活动内容阶段予以探究与分析,若发现 STEAM 成分不足,则可以设法补强,或不选择这一问题。基本上以上三步骤有部分是重叠进行的,可以确认的是,经过这三步骤的设计程序,教师自然较具信心、可好整以暇地与幼儿互动,带领幼儿进行 STEM 探究活动。

表 4-1-2 "地瓜在哪与如何野炊?"设计步骤 3:STEAM 分析与调整

涉及领域	活动之 STEAM 要素分析
S(科学)	*体验地瓜生长样貌、平衡结构(炉灶)、可燃物、食物烹煮物理变化 *运用科学程序能力(观察、比较、推论、预测、验证、记录)
T(技术)	*使用平板电脑搜寻数据、相机记录、绘画设计图等 *运用搭建技法:堆叠、搬运、交错、对称等 *运用人类智慧产物:砖块、铲子、锅、长筷或长夹等
E(工程)	*设计炉灶图级、实际搭建炉灶与调整(依锅摆置平稳度与燃火通风要求调整堆砌状态)
A(人文艺术)	*表现炉灶的整体造型、对称、型式等美感 *记录野炊小书 *绘画设计图 *合作建盖炉灶
M(数学)	*计算与估算:炉灶所需建盖层数、使用砖块或石头数、食用地瓜的分配数等 *几何、空间与空间推理:砖石堆砌的立体几何造型、整体空间运用与推理、炉灶体积与锅尺寸比等

三、STEM 探究主题之设计说明

主题式的 STEM 探究是架构在"主题探究课程"基础之上的,其下的各领域 STEM 活动都在主题脉络下整合在一起,因此其设计与实施都追随主题探究课程的做法,已于第二章第三节简述,亦请详见拙著《面向 21 世纪的幼儿教育:探究取向主题课程》第五章与第六章(周淑惠,2017a)。若探究取向主题课程真是遵循探究精神而设计且实施,多半会显现丰富的 STEM 经验,然而若要确保或更加趋向 STEM 探究,则要多加引导以制作物解决问题并检视 STEM 各领域成分,或是遵从上述 STEM 教育设计三步骤——选定问题与设计、探究问题内涵、分析 STEAM 要素与调整。具体而言,首先必须基于原本主题探究课程的"主题概念网络活动图",在其中选定几个值得进行 STEM 探究或待解决的问题加以设计活动;接着教师再去探究这些问题的内涵,以增进专业知能、强化信心与准备幼儿探究舞台;然后则进行STEAM 要素分析并视要素充足否,加以调修。而以上三个步骤则有可能相

互重叠进行,如以上所述。

(一) 选定问题与设计

第一个步骤是选定问题与设计,即在原有主题探究课程之主题概念网络活动图上选定几个欲进行 STEM 探究或待解决的问题,并标注出来,其选择考虑有二:是否深富 STEM 元素适合进行 STEM 探究？幼儿很感兴趣吗？如图 4-1-4 "房屋"主题概念网络活动图上的六个选定的 STEM 探究活动（以红色小三角形标记）:我盖最高的塔！创意帐篷展！我的创意木工家具！如何搭盖小木屋？我的创意楼房！如何稳固树枝屋？就是初步评估幼儿感兴趣且可进行 STEM 探究的待解决问题或挑战。还有一些活动也值得选择,但教师必须根据实际状况进行取舍,例如幼儿的兴趣与状态、主题时间的长短、幼儿园的资源、教师的知能等。在选定 STEM 探究或待解决的问题后,则有如表 4-1-1 个别的 STEM 探究活动"地瓜在哪与如何野炊？"般,将这六个活动的内容一个个设计出来,在此不再赘述。而以上每一个活动都可能不只进行一次,有的活动可能需要好几次才能做完,例如"我的创意木工家具！"在进行时会历经设计、制作与完善的阶段,每次活动只能进行一部分,所以在规划课程时需保留充分时间。

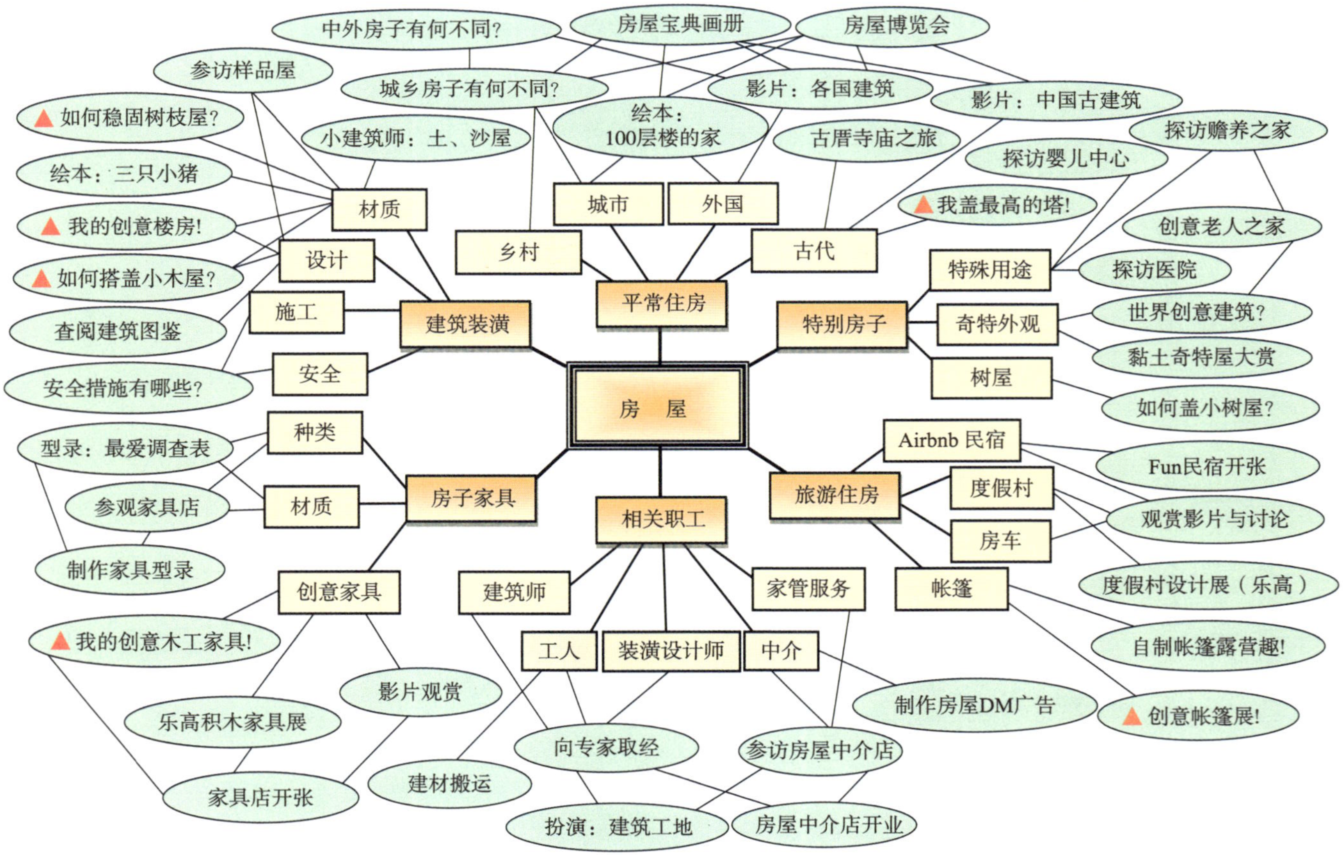

图 4-1-4 "房屋"主题概念网络活动图之选定 STEM 探究活动

（二）探究问题内涵

接着第二个步骤是探究这些标记的问题的内涵，也就是教师先行探究、思考，了解各个值得探究或待解决问题所涉概念与内涵及需准备什么，获取安心与信心。如图4-1-5是以探究问题1"我盖最高的塔！"与探究问题5"我的创意楼房！"为例，说明以W、H开头问题的探究架构，例如：为什么盖？盖什么？它的外观、结构、功能是什么？在幼儿园哪里盖？如何盖或制作？需要什么技术、材料或工具？需要盖多少？图4-1-6与图4-1-7

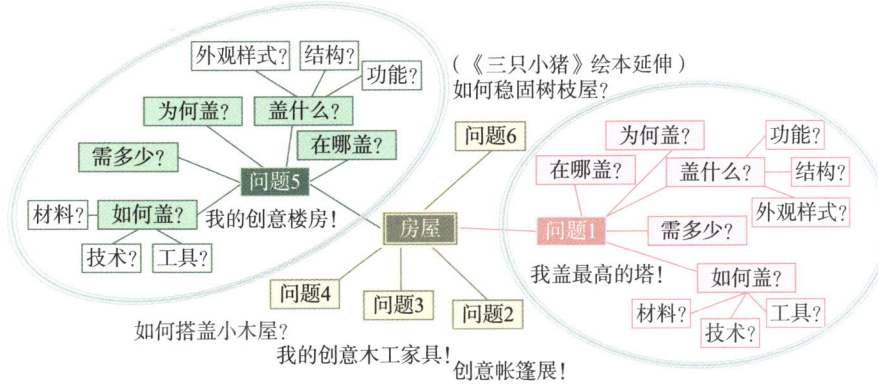

图4-1-5　教师探究"房屋"主题所选定问题之架构：以问题1、5为例

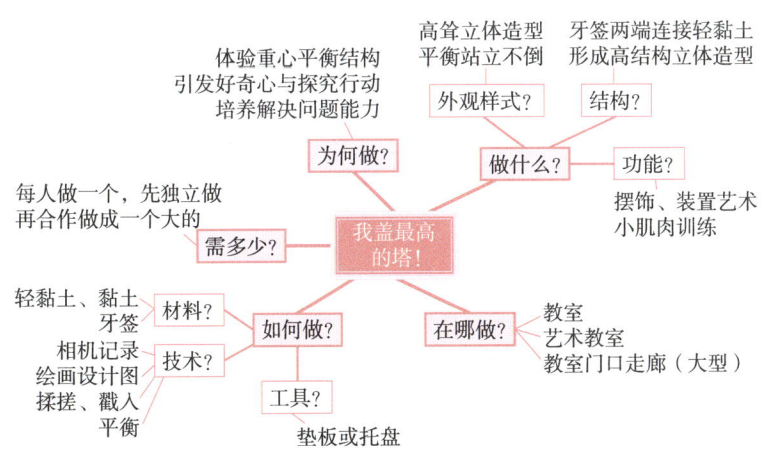

图4-1-6　教师探究"我盖最高的塔！"问题之结果

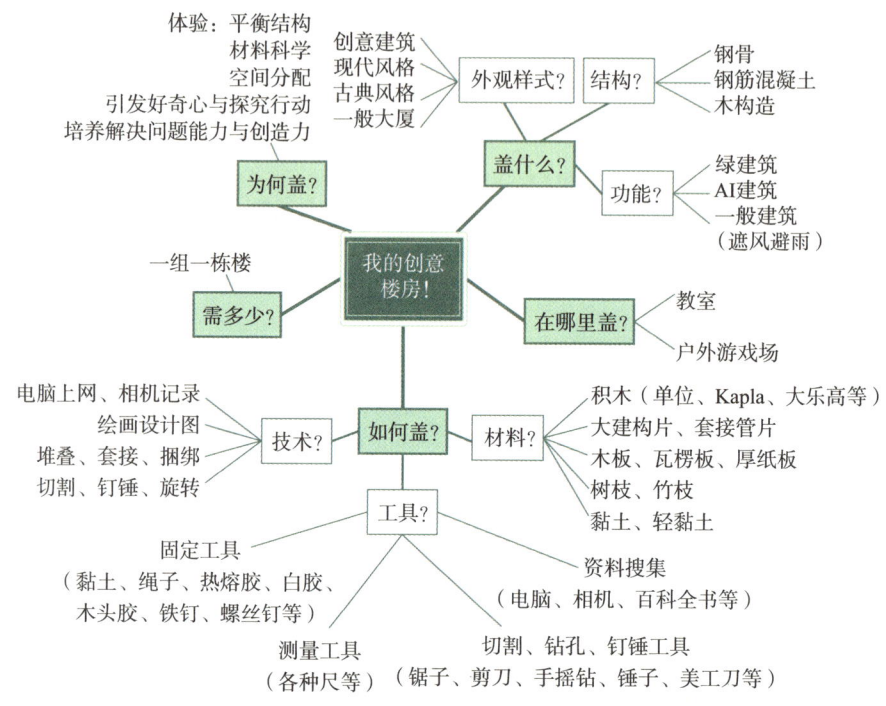

图 4-1-7　教师探究"我的创意楼房!"问题之结果

则是初步探究的结果,基本上是理解目标问题所涉及的概念与原理,解决问题的制作物外观与结构,制作过程所需的材料、技术与工具,并借机评估园方现有情况,以便准备幼儿探究的舞台,也让教师预估幼儿可能遭遇的问题及所需搭构的协助鹰架,增加教学信心。

(三) 分析 STEAM 要素与调整

最后分析这一选定设计的活动的 STEAM 要素,如若觉得 STEAM 要素还是薄弱,可以思考如何增添 STEAM 元素,或稍微调整方向等,让主题探究课程更加趋向 STEM 教育。完成 STEAM 要素分析则设计时间大体完成。表 4-1-3 与表 4-1-4 分别为"房屋"主题两个 STEM 探究活动之 STEAM 要素分析。

表 4-1-3 "我盖最高的塔!"之 STEAM 要素分析

领域	活动之 STEAM 要素分析
S(科学)	*体验重心平衡结构、简单的材料科学(轻黏土特性) *运用科学程序能力(观察、比较、推论、预测、验证等)
T(技术)	*用相机记录、绘画设计图 *运用制作技法:揉搓、戳入、平衡等 *运用人类智慧产物:牙签、轻黏土、垫板或托盘工具等
E(工程)	*一面试着搭盖,一面探究、调修以寻求平衡稳立的高结构体
A(人文艺术)	*展现结构体整体的造型、颜色、对称、型式等美感 *绘画设计图
M(数学)	*计算与估算:所需揉搓轻黏土的数量、各色轻黏土的数量、牙签数量 *测量:结构体高度比较或测量 *几何、空间与空间推理:牙签与黏土球构成的立体几何造型、整体造型的空间运用与推理

表 4-1-4 "我的创意楼房!"之 STEAM 要素分析

领域	活动之 STEAM 要素分析
S(科学)	*体验平衡结构、简单的材料科学(各种建构素材特性) *运用科学程序能力(观察、比较、推论、预测、验证等)
T(技术)	*使用计算机上网(搜寻楼房造型)、相机记录、绘画设计图 *运用搭建技法:堆叠、套接、捆绑、旋转、钉锤、切割等 *运用人类智慧产物:各种建构积木、轻黏土、塑楞板材料,各种切割、固定、测量工具,百科全书等
E(工程)	*设计与建盖稳固的楼房、楼梯造型与楼层内部空间,并经调整修正历程
A(人文艺术)	*呈现整体楼房造型、楼梯造型、门窗造型、内外观美化等 *绘画设计图 *显现合作地搬运与搭盖情意面向
M(数学)	*计数与估算:所需楼房层数、梁柱数量、楼梯阶数、房间数量、材料数量等 *测量:整栋楼房、每层楼、梁柱、阶梯、窗户之长、宽、高等 *几何、空间与空间推理:整幢大楼与各层楼内部之立体几何造型、整体空间分配与推理

最后要注意的是,在整个主题的实际教学进行时,为确保更趋近 STEM 教育,建议教师不断检视各活动的 STEAM 成分并加以适度调整;而在整个主题结束之后,最好也进行汇总的 STEAM 分析,检视整个主题的 STEAM 总成分,如表 4-1-5 所示,为未来实施类似主题提供参照,或者发觉某些领域较为不足时,可在接下来的主题中设法补足平衡之。

表 4-1-5　整个主题 STEAM 总成分分析

"房屋"主题之 STEAM 总成分分析						
领域	问题1	问题2	问题3	问题4	问题5	问题6
S(科学)						
T(技术)						
E(工程)						
A(人文艺术)						
M(数学)						

第二节　幼儿 STEM 教育之课程实施原则

上节介绍了设计 STEM 课程的三要素,在设计教学方法方面要预先考虑:充实与运用区角及户外环境、多以小组取代团体活动、引导幼儿运用探究能力,若能依此设计,预思如何进行教学互动,则于其后之实际教学就能事半功倍。本节则探讨幼儿 STEM 教育之实地实施,特别是实施指导原则,分别从幼儿、教师及教学互动三层面论述。

一、幼儿层面——体验以探究为核心之"设计、制作、精进"历程

根据第一章定义,STEM 教育的目标是解决生活中的问题或满足生活需求,其主要历程涉及设计、制作与精进的工程活动,至于方法则是探究。因此,笔者提出幼儿 STEM 教育之实施指导原则——让幼儿体验以探究为核心之"设计、制作、精进"历程,如图 4-2-1 所示。具体而言,STEM 教育在实施时,必须让幼儿面对待解决问题(图最左边黑框),然后引导幼儿历经工程历程的设计、制作与精进程序(图中虚线方框与框内三个椭圆形),而在此工程历程进行中的三个阶段,幼儿则不断地来回运用观察、推论、记录、比较、验证、沟通等也被称为探究力的科学程序能力(图中虚线方框内最中心绿色小圆形与三个黄色小双箭头),最后产生制作物解决问题(最右边黑框)。

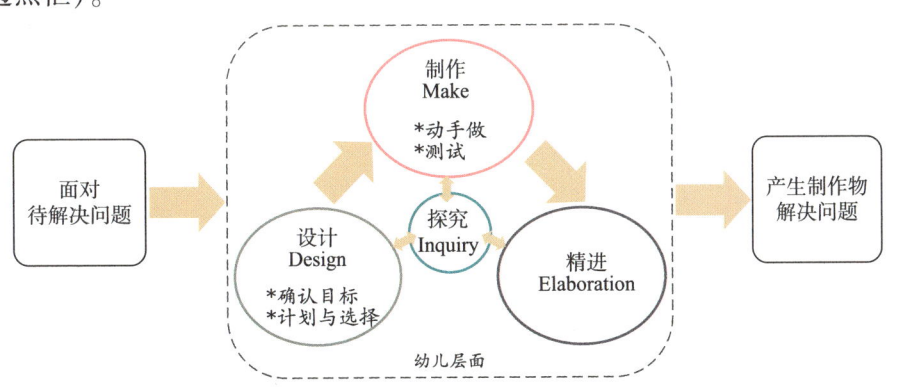

图 4-2-1　幼儿 STEM 教育之实施指导原则:幼儿层面

一般而言,工程程序有六个步骤——定义与确认问题、研究可能方案、规划与选择方案、建立模型与测试、改进修正、沟通分享解决方案(Heroman, 2017; Lange et al., 2019; NRC, 2013; Stone-McDonald et al., 2015; Tank et al., 2017)。笔者将其简化为"设计、制作与精进"三大程序,将以上六步骤纳入三大程序中(图4-2-1),在设计阶段有两个小步骤——确认目标、计划与选择,在制作阶段有两个小步骤——动手做、测试。说明如下。

(一) 设计程序

设计程序首先要"确认目标",也就是确定要解决的问题或挑战,并深入探究,包括:可能的解决方案是什么(需要产生什么制作物)?这制作物涉及什么原理?关键要素是什么?它的外观形式、结构、功能是什么?要如何制作?需要什么材料、技术与工具?需要的数量?在哪里制作?建议借助几个W、H问题的探究架构——为何做?做什么?如何做?需多少?在哪做?如图4-2-2"如何盖小仓鼠游乐园?"之例,教师在团体讨论时利用白板或大海报呈现架构,引导幼儿进行思考与探究,并让幼儿将探究结果以涂鸦、绘图方式记录在探究架构上适当的地方,在幼儿熟悉做法后,让幼儿以小组方式自行探究与记录。

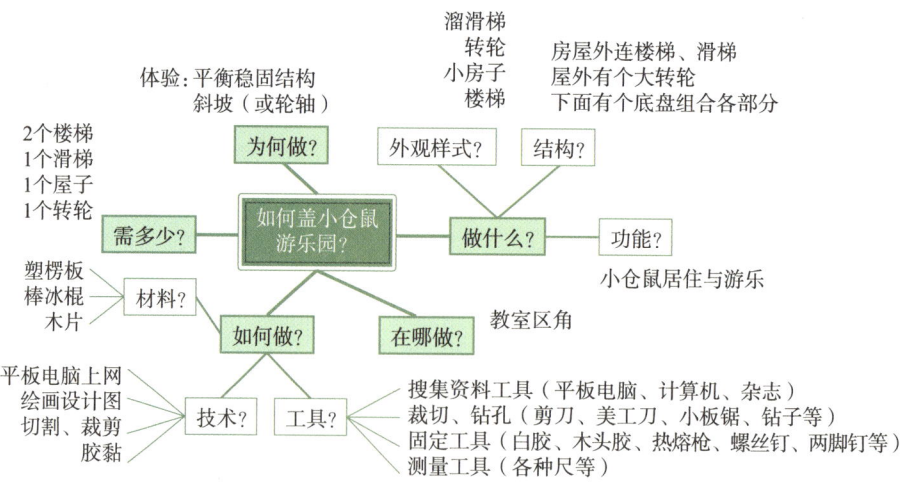

图4-2-2 "如何盖小仓鼠游乐园?"设计阶段之探究网络图

图 4-2-2 的文字部分是为了读者说明之用,幼儿在教师协助下,只要在架构合宜处涂鸦记录、绘图即可。最后是"计划与选择",即计划后选择计划的方案,例如在记录探究网络图后,若发觉教室没有塑楞板、制作大转轮太复杂了,就在教室现有材料厚纸板、棒冰棍、甘蔗板片中,选择使用棒冰棍制作房屋并外接楼梯与滑梯的设计方案,大转轮则留待下次制作;因这是个组合设计,小制作物多,怕时间拖拉幼儿失去兴趣,就决定以分组制作再一起组装的合作方式进行。不过在设计阶段,幼儿要运用"搜寻数据"(平板电脑、计算机、杂志等),"观察"与"比较"(各种仓鼠游乐园图片),"推论"(观察后推断如何设计、制作或连接各小制作物),"访谈"(宠物店老板、养仓鼠的老师),"记录"(将探究结果记录在探究网络图),"沟通"(拟制作的制作物的外观形式、结构等)等能力去探究,以确认与了解制作目标、计划拟制作的方案,并选择合适的方案。

(二) 制作程序

设计完成即进入制作阶段,包含"动手做"与"测试"。动手做时幼儿必须随时解决制作中的各样问题,即一面思考推论,一面通过动手操作验证与测试自己的想法。例如:棒冰棍如何裁切出大小相同的阶梯?如何让两片斜向屋顶与屋子主体结构紧密黏合?如何让楼梯转弯?棒冰棍不够需要用厚纸板替代时,怎么能让厚纸板防水?如同设计阶段,在整个制作过程中,幼儿均须运用探究能力,例如发现楼梯无法做出转弯样式时,于是再度"搜寻"平板电脑图像,"观察""比较"其制作物与设计图、平板电脑上图像有何不同,"推论"可能要如何制作或调整制作方式,将自己的推论与组员"沟通"协调、以行动测试或"验证"自己的想法等。

(三) 精进程序

制作大体完成时,幼儿必须检视自己的制作物效果并设法调整改善,例如,房子明显无法平衡站立、屋顶好像太倾斜、滑梯好像太陡、不同组件之间尺寸不同难以连接等。在"推论"制作物效果不佳的原因后,就要根据推论加以改良、修正,调修步骤可能要进行好几回合,幼儿要不断"观察""推论""预测""比较""沟通""验证"等,甚至再度"搜寻数据"或"访谈"专家,以达优化制作物的目的,即整个精进程序也脱离不了探究能力的运用。

由此可见,幼儿在设计、制作与精进三阶段工程程序中均要进行探究,探究是工程程序的重点,所以图4-2-1将探究置于三个程序之中心位置(图中央之绿色小圆圈),而且是需要来回不断地探究,所以用绿色小圆圈旁三个黄色双向箭头表示。总之,这个指导原则是从幼儿角度论述之,强调幼儿在STEM教育中,必须不断地运用探究能力历经设计、制作与精进的工程程序。

二、教师层面——运作以评量为核心之"探究、鹰架、表征"循环历程

幼儿在历经设计、制作与精进的工程历程并运用探究能力时,教师的角色是什么?笔者提出第二个STEM教育实施之指导原则——教师运作以评量为核心之"探究、鹰架、表征"循环历程,简称IRS历程,取自探究(Inquiry)、鹰架(Scaffolding)、表征(Representation)三个英文单词之第一个英文字母,修改自美国探究教学5E模式——投入(Engage)、探索(Explore)、解释(Explain)、扩展精进(Elaborate)与评量(Evaluate)(周淑惠,2017a),强调幼儿在STEM教育中探究与表征之必要性及教师在旁提供鹰架支持之关键角色,而无论是在幼儿探究或表征时,还是教师提供鹰架支持时,教师都要评量幼儿的表现。

此指导原则如图4-2-3所示,当幼儿投入探究行动中或之后,教师则

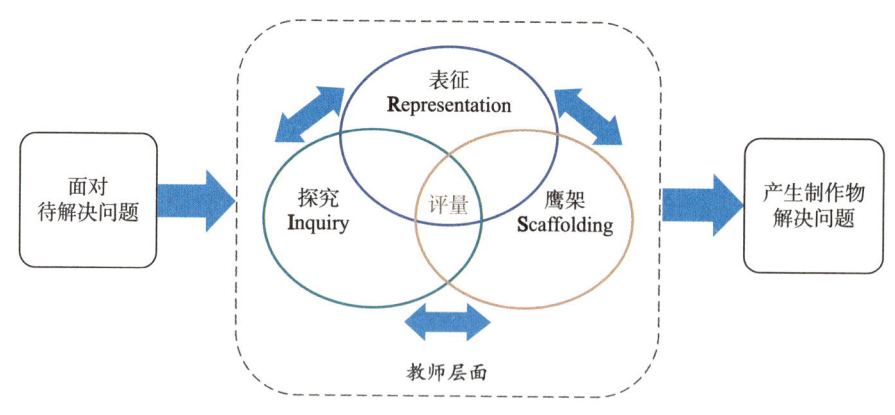

图4-2-3 幼儿STEM教育实施之指导原则:教师层面

需在旁搭构鹰架引导(含师生与同伴间对话);同时幼儿可能以各种方式表达、解释或分享其现阶段的探究结果、发现或理解;而当幼儿在表征中或之后,教师也需搭构鹰架以支持或提供挑战,所以以三个部分重叠的圆圈表示三者间交织共叠的密切关系。很重要的是,"探究、鹰架、表征"的核心是教师的评量或观察,教师必须依据评量结果,随时调整其在幼儿探究与表征中的教学鹰架与互动,如是三者交叠关系不断地循环,在各个活动陆续开展下,扩展了幼儿的知能。

从幼儿层面的实施指导原则而言,幼儿在工程程序的三阶段中均需持续运用探究能力,当探究进行中或每告一段落,必定会表达现阶段探究所得(即表征),例如以涂鸦与小图加注于探究架构网络图、绘画制作物的设计图、向组员沟通或说明制作方式、调整某部分制作方法、与其他幼儿协商修正改善方式等,因此探究与表征有部分是重叠的;而无论是在探究或是表征阶段,教师都必须密切注意幼儿的状态,评量其表现,据以搭构合宜的鹰架,所以教师的鹰架与幼儿的探究、表征也有部分是重叠的,形成三者交相互叠状态,其交集处就是教师对幼儿的评量,这代表教师要紧密观察幼儿的表现。

三、教学互动层面——在幼儿工程历程中教师搭建以评量为核心的鹰架

以上是从教师层面提出幼儿 STEM 教育实施的指导原则,其实教师运作以评量为核心之"探究、鹰架、表征"循环历程,是在幼儿体验设计、制作与精进工程历程的大情境下运作的,也就是教师执行以评量为核心之"探究、鹰架、表征"循环历程,是在支持幼儿的工程制作,撑起工程设计、制作与精进历程,以协助幼儿产生制作物解决问题。幼儿在三阶段工程程序中即不断地在探究,而当幼儿探究并表征时则伴随着教师的鹰架,其如影随形,如图 4-2-4 所示。比较图 4-2-4 与图 4-2-1 STEM 教育实施指导原则,可发现二图最大不同处是在中心图示,图 4-2-1 仅从幼儿层面显示工程历程中的幼儿探究,而图 4-2-4 从教学互动中呈现师生双方的"探究、鹰架、表征"循环历程,不过二图都强调幼儿在"设计、制作与精进"工程历程的大情境中探究。

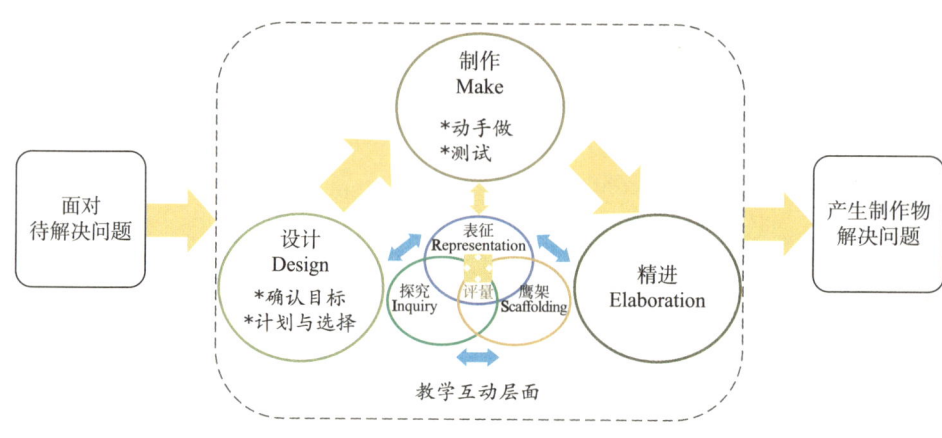

图4-2-4 幼儿STEM教育实施之指导原则：教学互动层面

鹰架引导是幼儿探究之方向盘或舵手，可使探究行动不偏离、持续。例如幼儿在制作S形旋转楼梯历程中，一方面难免遇到困难情绪，受挫，或是一直打转、失败，最后可能不了了之。教师要能预见到后面制作上的可能困境，则可适时在旁激励或提示，例如不断提醒及强调小仓鼠有游乐园一定很兴奋，或提示可将S形楼梯分段制作再设法连接等，使幼儿看见希望、重燃探究热情。另一方面，情境或问题可能也会超越幼儿现阶段知能，但可在合宜挑战与协助下完成，并因而拓展其知能，例如提示幼儿等分棒冰棍，制作成一阶一阶的楼梯。而以上这些情况皆须教师在旁仔细观察并搭架引导、助其一臂之力。

笔者曾基于中国台湾科学委员会研究，提出多种鹰架：架构鹰架、回溯鹰架、语文鹰架、示范鹰架、同侪鹰架与材料鹰架（周淑惠，2006），还有氛围鹰架、情境鹰架（周淑惠，2011），均为好用的引导策略，有益于幼儿的探究行动。值得一提的是，"语文鹰架"为所有鹰架的核心，因许多鹰架皆须借助于语文为中介，如提供探究行动框架与方向的"架构鹰架"，是以书写语文、图像或口诀等呈现；回忆情境、勾勒印象的"回溯鹰架"需伴随对话或提问等。所以教师的提问与对话为幼儿探究的助燃剂，熟用提问与对话对幼儿STEM教学无往不利，不仅有鹰架作用，而且也能引起动机之效果。例如在制作影偶戏台的STEM活动中，以下问题颇为值得参考：有什么方法可以让影偶戏台呈现不同的背景效果？戏台空间要多深才能弹性地将投影效果变大、变小？只有一种方法吗？如何制造有亮亮五官的影子脸谱？

再举一个制作小汽车的STEM探究活动的例子。幼儿以塑料瓶钻洞穿过竹筷再于两端加上瓶盖，做成小车子。可是在尝试几次后小车子仍无法行走或行走不顺，幼儿几乎濒临放弃，此时教师也特意做一辆小车在旁行驶，引发幼儿关注并顺势鼓励其操作、观察及比较老师的车和自己的车有何不同。幼儿在操作、观察、比较两辆车后，终于发现问题所在，推论是因为自己车子的轴无法带动轮，于是将塑料瓶的洞挖大些，让轴可转动，终于车子可以行驶了。这是一个明显的"示范鹰架"，教师示范一辆可以行驶的自制小车，但是其目的不是要幼儿照样模仿，而是要引发幼儿观察、比较、推论并以行动测试，修正其制作物。也就是，示范鹰架是要引发幼儿的探究动机与探究能力，使其改进当前的制作物，而能更上一层楼。

显而易见的是，以上示范鹰架例子是以语文鹰架为中介，教师鼓励幼儿操作、观察并比较，都需要通过语言的传递，例如："你觉得你的车跟老师的车有什么不一样？""我的车在走时，是什么东西在动？""我的轮轴跟你的轮轴有什么不一样的地方？""你觉得你要修改哪里？怎么修改？"等。在此特别提醒，有时特意将能力较高的幼儿安排在小组内，作为引导其他幼儿的"同侪鹰架"，也是协助幼儿进阶发展的很好方式。

值得注意的是，幼儿年纪越小，教师所搭鹰架可能要越深或越多。例如同样是斜坡行车STEM探究活动，小班幼儿初次接触斜坡游戏，教师可能要准备好几种不同高度的垫高物，引导幼儿试图架上形成不同的斜坡；教师可能也需先行制作得分的方阵盘面，让幼儿知道可以依照车子溜下斜坡的远近距离计算得分，并以提问的语文鹰架引导幼儿探索不同高度斜坡与车行远近、得分的关系。然而对于大班幼儿，则可放手让其探索，例如自行决定垫高斜坡的物品（以架设不同高度的斜坡），滚落斜坡的物体（如小球、大弹珠、圆柱体等）；并依其游戏需求自行制作显示物体滚落远近得分数的盘面（如在大壁报纸上画上方格，写上不同分数、用巧拼地板拼组方阵贴上不同分数、直接在户外硬表层区用粉笔画上方阵等），以设计游戏计分方式。不过切记，任何鹰架都要逐渐退去，让幼儿能独立运作新获得的知能，这样才能发挥鹰架的真正作用。

第五章
幼儿 STEM 教育之课程设计示例

　　坊间实施 STEM 教育者仍然有限，为培育符合未来时代之需的幼儿，本书鼓励教师大胆尝试并先从较为简单、个别的 STEM 探究活动开始，渐进试行至具有脉络、以主题统整的 STEM 探究课程。故本章接续上章幼儿 STEM 教育之课程设计与实施原则，在第一节呈现六个 STEM 探究活动的设计实例。考虑到活动前后关联对幼儿具有情境意义，这些活动还是在主题脉络下设计，分别属于三个主题。此举不仅让读者理解个别的 STEM 探究活动的设计实务，而且让读者知晓主题式 STEM 探究课程之设计样貌。这些设计(含主题概念网络活动图与其下活动)均遵循第四章之设计三步骤与三要素原则，在笔者指导下，由硕士研究生罗华珍等五位同学共同设计，笔者再加以审修而成。

　　运用绘本情境传递问题或挑战让幼儿入戏代为解决，是幼儿 STEM 教育之重要切入途径，所以第二节则专门以绘本为主，呈现以绘本情境设计 STEM 探究活动的例子，不仅提供一些设计 STEM 活动可参考的绘本资源以及这些绘本可资运用于 STEM 活动设计的问题与挑战，而且也提供 STEM 探究活动的具体设计步骤，让有心实施者可以参照。至于第一节六个 STEM 探究活动的实施状况，请参见第六章幼儿 STEM 教育之课程实施实例中第四节的内容。

第一节　幼儿 STEM 探究主题与活动之设计示例

本节呈现三个 STEM 探究主题——怀旧的中华文化、好用的绳子、一纸神功与各主题脉络下两个相关 STEM 探究活动之设计实例(表 5-1-1)。基本上均依据幼儿 STEM 教育之课程设计三步骤，首先在"主题探究课程"的"主题概念网络活动图"中，选定几个问题或挑战加以设计 STEM 探究活动；接着教师探究问题或挑战的内涵；最后进行 STEAM 要素的分析与调整。在此再次强调两点：首先，预设的主题概念网络活动图最好是师生共构的，含幼儿参与成分，如在团体讨论中以教师绘画的网络图为讨论架构并据以修正，或师生皆绘网络图并在集体讨论中比较后统整修正。其次，拟定的主题概念网络活动图之各个领域活动要具有探究性，让幼儿能运用观察、推论、预测、验证等科学程序能力；而所选定的 STEM 探究活动除富有探究性外，还强调以制作物解决问题的内涵设计。

表 5-1-1　STEM 探究主题下的活动

STEM 探究主题	STEM 探究活动	
怀旧的中华文化	如何制作舞龙？	古老轿子大创作！
好用的绳子	我会做安全围网！	如何搭建绳索小屋？
一纸神功	我是机器人！	如何制作卷轴故事架？

本节主要呈现整个主题式 STEM 探究课程之大体设计样貌，并着重其下各 STEM 探索活动之设计内容，因此课程设计三步骤的第二个步骤——教师自行探究问题的内涵，则予以略过，请教师务必参照第四章第一节的设计步骤，确实探究其内涵，方能为幼儿备好探究舞台并从容进行教学互动。至于本章所设计之 STEM 探究活动实施状况，请见第六章幼儿 STEM 教育之课程实施实例中第四节。

一、"怀旧的中华文化"主题

(一) 选定"主题概念网络活动图"中拟进行的 STEM 探究问题

STEM 教育第一个课程设计步骤为"选定问题与设计"。图 5-1-1 为"怀旧的中华文化"主题探究课程之主题概念网络活动图及选定的几个拟让幼儿面对的挑战或问题(以红色小三角形标示):"如何制作舞龙?""古老轿子大创作!""花式再生纸""竹筏水上漂""土角厝工程师!""皮影戏开演!"而以上几个问题或挑战有的源自生活中问题,如"如何制作舞龙?""花式再生纸""皮影戏开演!";有的源自游戏中问题,如"竹筏水上漂""土角厝工程师!"(以假想情境传递问题);也有的出自绘本情境,如"古老轿子大创作!"(以《老鼠娶新娘》绘本情境传递问题),均具有浓厚的 STEM 元素,而且基于经验,幼儿应该也会感兴趣。其实此主题下可进行的 STEM 探究活动很多,教师宜综合考虑幼儿兴趣及状况、主题时间长短与教师自身知能等,选择合宜的挑战或问题,设计强调探究性并以制作物解决问题的 STEM 探究活动。

(二) STEM 探究活动设计示例及其 STEAM 要素分析与调整

限于篇幅,此处仅选择"如何制作舞龙?"与"古老轿子大创作!"两个 STEM 探究活动,呈现第一个设计步骤后半段与第三个设计步骤,即活动内容设计及其 STEAM 要素分析与调整,以供读者参阅,至于第二个设计步骤则请教师自行探究问题内涵。

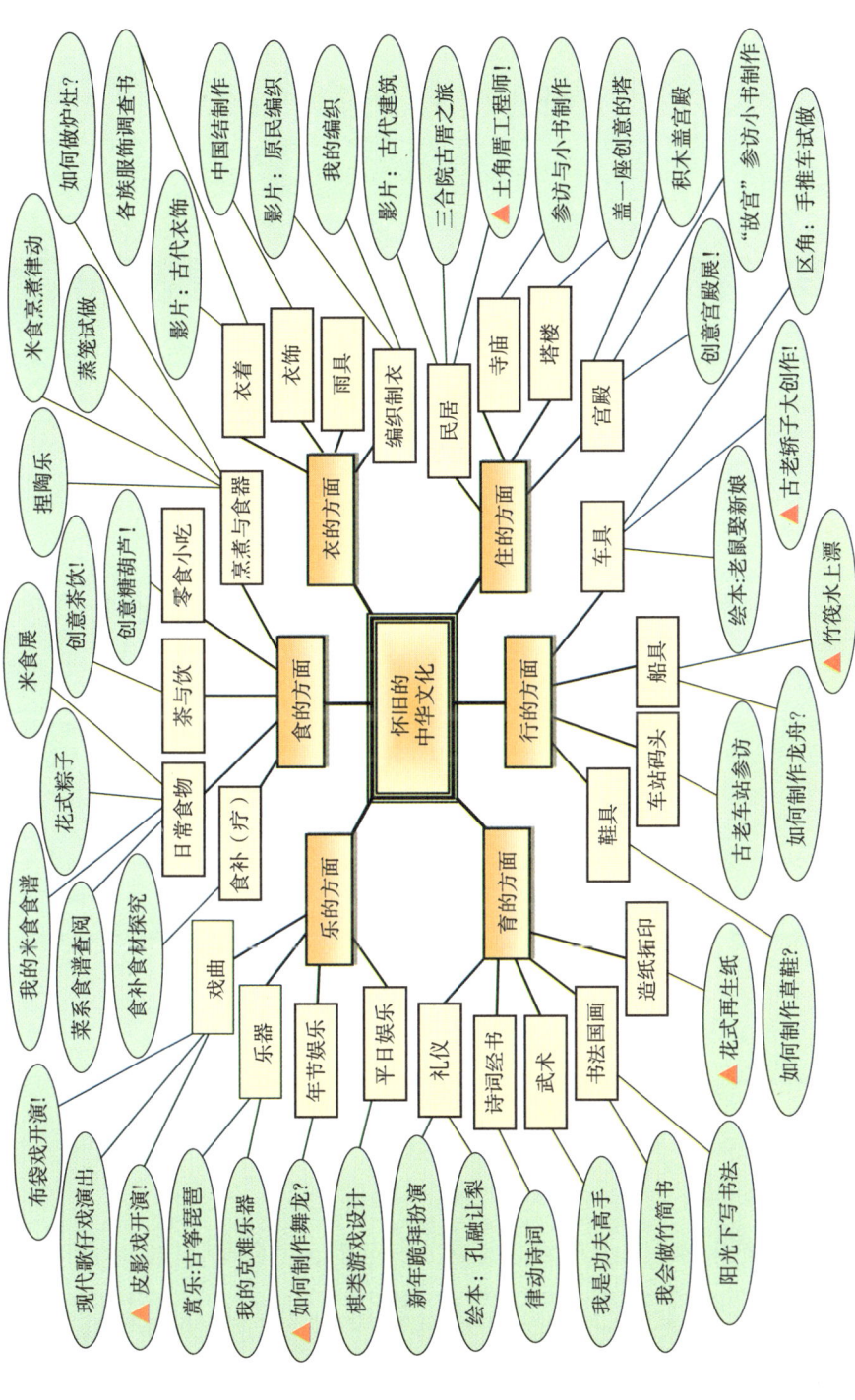

图 5-1-1 "怀旧的中华文化"主题干概念网络活动图上选定的 STEM 探究问题

1. 如何制作舞龙？

表 5-1-2　STEM 探究活动"如何制作舞龙？"之设计示例

活动名称：如何制作舞龙？
游戏目标：引发好奇与探究行动、培养解决问题能力、体验简单力学与动态平衡感。
准备工具材料：大型垃圾袋、竹竿或窗帘杆数根、小纸箱、皱纹纸、瓦楞纸、毛根、通心草球、剪刀、美工刀、双面胶、胶带等。
进行步骤： 1. 新年即将到来，教师询问幼儿："新年会看到什么样的景象和表演呢？"聆听幼儿发言后，教师说："我们园里也想舞龙庆祝新年！"引发幼儿制作舞龙的兴趣。 2. 再以平板电脑引导幼儿搜寻舞龙影片、图片，请幼儿仔细观察舞龙的整体外观，由什么部位组成（龙头、龙身、撑竿），为何能移动位置四处舞动。 3. 教师把准备的所有材料拿出，请幼儿思考运用现有材料如何做舞龙。强调要制作真的可举起来腾空跳舞的龙。让幼儿谈谈每种材料的可能性，即这些材料可做舞龙的哪一个部位。 4. 教师询问幼儿龙身部位有何特征及如何制作长长的龙身。 5. 教师询问龙头部位有何特征及如何制作漂亮的有巨大嘴巴的龙头。当幼儿以纸箱试着制作时，在旁协助切割，同时请其他幼儿一起思考与运用各种合宜材料，装饰龙头部位。 6. 教师问："龙头与龙身都做好了，要怎么连接起来让它舞动？"协助幼儿设法将龙头与龙身连接，并请幼儿思考：如何让竿子撑起整条龙四处舞动？需要几根？放在哪里？ 7. 请幼儿试着以撑竿四处舞动着龙，检视与思考需要改进处（例如幼儿直接将竿子伸入龙身的垃圾袋）。问幼儿问题在哪里，或教师指着龙身问："舞龙身上有好几个凸起的尖尖点，图片上的舞龙有吗？""你们这样做可以稳定地四处移动吗？舞动的效果好吗？" 8. 教师追问："如何解决龙身有尖凸点与无法四处平稳舞动的问题？"视幼儿状况引导其从纸箱上剪下片状纸片，然后将竿头戳粘于纸片上（加大撑竿顶端与龙身接触面积），并设法固定于龙身，解决问题。 9. 让幼儿快乐地舞龙，问幼儿所做的舞龙与影片、图片上的舞龙有何异同，有什么地方可以再改进（例如无法做到让龙嘴巴开合）。 10. 最后请幼儿收拾，将舞龙放到团体讨论区大空间让大家欣赏与试舞。
调整或延伸： 1. 对于能力较好的大班幼儿，可以开放素材，让其自用教室中合宜的素材创作，例如龙身可用数个扁平盒盖连接，上铺长条布块成一节节身体。 2. 也可以提供双脚钉、螺丝钉、软铁丝等材料挑战幼儿做出具有开合功能的龙嘴巴。

表5-1-3　STEM探究活动"如何制作舞龙?"之STEAM要素分析

涉及领域	活动之STEAM要素分析
S(科学)	*体验简单力学(支撑力)与动态平衡感 *运用科学程序能力(观察、查数据、比较、推论、验证、沟通等)
T(技术)	*使用平板电脑搜寻数据 *运用制作技法:切割、剪裁、胶黏、连接、固定、组装等 *运用人类智慧产物:垃圾袋、纸箱、窗帘杆、皱纹纸、毛根、胶带等
E(工程)	*制作龙身、龙头与可撑住龙身的舞龙撑竿,在过程中修正、调整成可四处舞动的龙
A(人文艺术)	*装饰龙头使之有对称的触须、眼睛、触角等,呈现龙的样貌与美感 *制作与舞动着代表传统文化节庆活动中的龙 *体现合作解决问题的情意面向
M(数学)	*计数:撑竿的数量、垃圾袋的数量 *估算:撑竿的间距 *空间:面与点的差异(撑竿与龙身接触面)

2. 古老轿子大创作!

表 5-1-4　STEM 探究活动"古老轿子大创作!"之设计示例

活动名称:"古老轿子大创作!"
游戏目标:引发好奇与探究行动、培养解决问题能力、体验平衡稳固结构与简单结构力学(承重)。
准备材料:纸箱、铁丝、杆子、垃圾袋、海报纸、胶带、尺、双面胶等。
进行步骤: 1. 教师说:"我们读过《老鼠娶新娘》绘本,看到老鼠新娘坐的轿子,我们也来做一顶轿子,这样你们以后就可以玩扮演游戏了!"引发幼儿创作轿子的兴趣。 2. 教师接着问:"轿子长得怎么样?外面有什么?里面有什么?要怎么做?"教师接着引导幼儿搜寻平板电脑图片并请其仔细观察,然后请幼儿画出轿子的设计图。 3. 确认幼儿知道轿子有轿身、抬杆、座位、门窗后,拿出准备的材料,请幼儿思考可以如何运用这些材料来制作能平稳抬起坐着老鼠新娘的娶亲轿子呢。 4. 幼儿制作过程中教师适时引导,例如:抬杆是做什么的?有几根?要怎么将抬杆安装在纸箱(轿体)上让轿子可以被抬起来?若要坐在轿子里面的人不会晕眩,那抬杆要怎么安装在轿体上? 5. 请幼儿将初次完成的轿子抬起,检视与思考还有什么需要改进(例如抬杆下垂、位置不对称等),问幼儿:问题在哪里?要如何将抬杆和纸箱(轿体)固定?要怎么做才能平稳地抬起轿子呢? 6. 抬杆与轿体结构完成后,问幼儿:轿子里还会有什么东西(座椅)?轿体上还会有什么(门帘、窗户)?要用什么材料做及怎么做?如幼儿未想到则接着引导:"新娘子很害羞,先不要给其他人看到哦!" 7. 提醒这是娶亲的轿子,问幼儿要怎么装饰才能显得喜气洋洋。整体完成后请幼儿与设计图比对并讨论可以再改进之处。 8. 让幼儿抬着轿子并配合克难乐器,扮演老鼠娶新娘迎亲队伍。 9. 提醒收拾整洁,并将轿子放在娃娃家供大家扮演。
调整或延伸: 1. 可挑战幼儿:还有其他的方式可以安装抬杆在轿体上吗? 2. 可挑战幼儿:要让新娘在轿子内平稳地坐着,除抬杆对称组装外,轿子内还可以有什么设计?

表 5-1-5　STEM 探究活动"古老轿子大创作!"STEAM 要素分析

涉及领域	活动之 STEAM 要素分析
S(科学)	＊体验平衡稳固结构、简单结构力学(承重) ＊运用科学程序能力(观察、查数据、比较、推论、验证、沟通等)
T(技术)	＊使用平板电脑搜寻数据、绘画设计图 ＊运用制作技法:切割、缠绕、捆绑、戳洞、胶黏等 ＊运用人类智慧产物:剪刀、双面胶、软铁丝、尺、壁报纸等
E(工程)	＊绘画设计图、制作、组装与修正,让轿子呈现喜气并能平衡地抬起坐着娃娃的轿子
A(人文艺术)	＊对称安装抬杆并美化轿身让其充满传统文化的喜气感 ＊绘画设计图 ＊制作并抬着象征传统文化的喜气轿子,并伴随克难乐器的乐音扮演绘本故事 ＊体现合作解决问题的情意面向
M(数学)	＊计数:抬杆数 ＊测量(比对):红纸与纸箱面积、露于轿体外的两根抬杆等长、抬杆戳入纸箱处等高

二、"好用的绳子"主题

(一) 选定"主题概念网络活动图"中拟进行的 STEM 探究问题

STEM 教育第一个课程设计步骤为"选定问题与设计"。图 5-1-2 为"好用的绳子"主题探究课程的主题概念网络活动图及所选定的几个拟让幼儿面对的挑战或问题(以红色小三角形标示):"我会做安全围网!""如何搭建绳索小屋?""吊桥工程师!""假日如何自动浇水?""我会做荡秋千!""创意绳工展!"。而以上几个问题或挑战有的源自生活中的问题,如"我会做安全围网!""假日如何自动浇水?",有的源自游戏中的问题,如"我会做荡秋千!""如何搭建绳索小屋?"(以假想情境传递问题);也有的出自绘本情境,如"创意绳工展!""吊桥工程师!"(以《小野狼的绳子》《一个爱建筑的小男孩》绘本情境传递问题),均具有浓厚的 STEM 元素,而且基于经验,幼儿应该也会感兴趣。其实此主题下可进行的 STEM 探究活动很多,教师宜视幼儿兴趣及状况、主题时间长短与教师自身知能等,选择合宜的挑战或问题,设计强调探究性并以制作物解决问题的 STEM 探究活动。

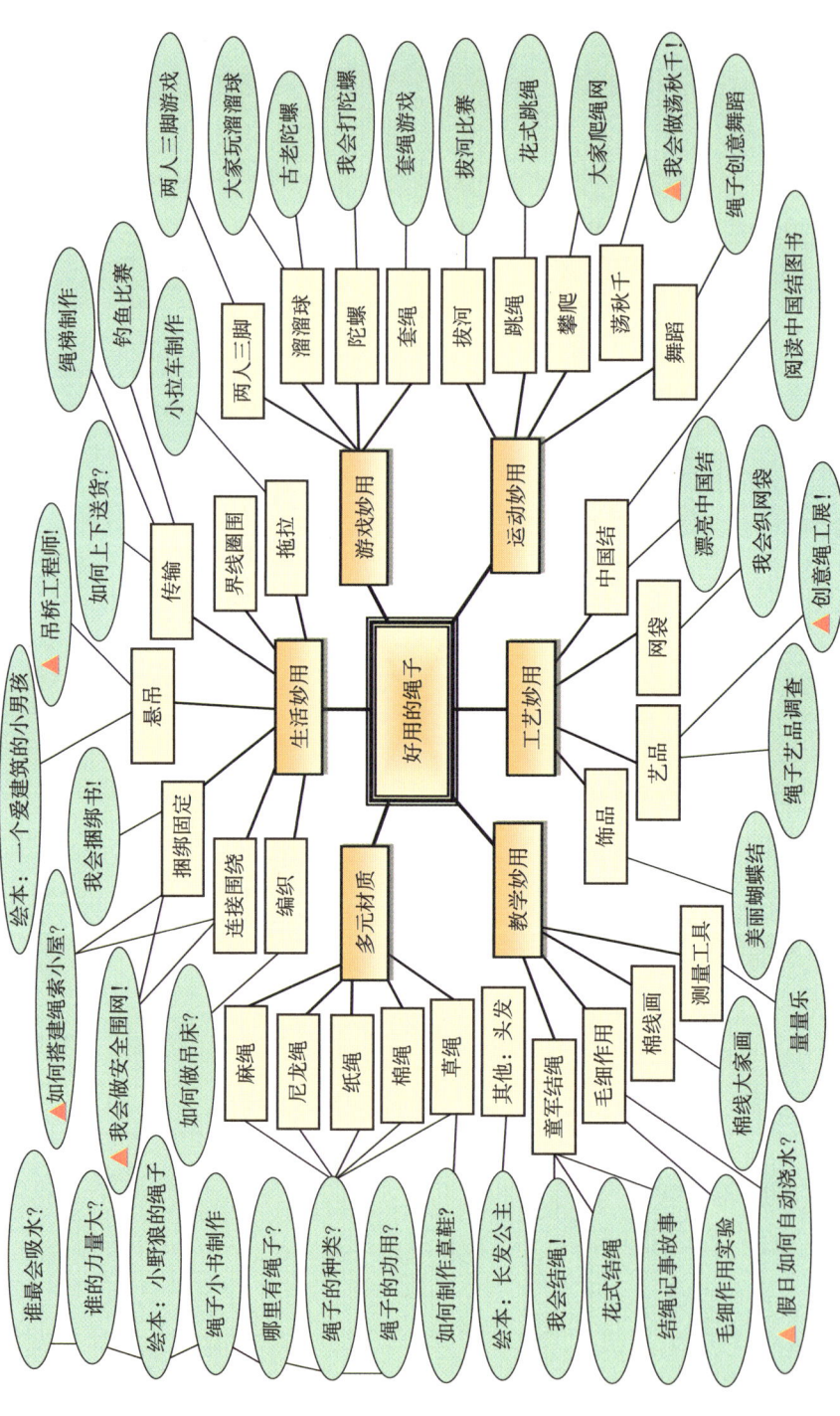

图 5-1-2 "好用的绳子"主题干概念网络活动图上选定的 STEM 探究问题

(二) STEM 探究活动设计示例及其 STEAM 要素分析与调整

限于篇幅，此处仅选择"我会做安全围网！"与"如何搭建绳索小屋？"两个 STEM 探究活动，呈现第一个设计步骤后半段与第三个设计步骤，即活动内容设计及其 STEAM 要素分析与调整，以供读者参阅。至于第二个步骤，则请教师自行探究问题内涵。

1. 我会做安全围网！

表 5-1-6 STEM 探究活动"我会做安全围网！"之设计示例

活动名称：我会做安全围网！
游戏目标：引发好奇与探究行动，培养解决问题能力，体验面积比较（缝隙与身体），密度与力度（围绕、拉紧绑定与打结）。
准备材料：粗尼龙绳一大捆。
进行步骤： 1. 教师提问："靠近幼儿园教室旁的行政楼楼梯扶杆的缝隙有点大，幼幼班（托班）弟弟妹妹们上下楼时爱蹦蹦跳跳，一不小心可能就会掉下去，要怎么办呢？"让幼儿思考并提出解决方法。 2. 当幼儿提出解决方法后（如小心地走、牵着大人走、用布盖住等），教师拿出一捆粗尼龙绳说："但是今天我们只有绳子怎么办？要怎么做才能防止小朋友掉下去？"请幼儿思考方法并分组尝试。 3. 教师提问："你觉得你围的可以防止幼幼班弟弟妹妹掉下去吗？""看一下别人是怎么围绕绳子的，跟你的有什么一样或不一样的地方吗？"让幼儿思考与比较。 4. 如果幼儿无法找出问题，教师提问："有些地方还是有很大的洞，这样安全吗？要怎么样才能防止小朋友掉下去？""我发现你们的绳子一碰就会移动位置，这样安全吗？绳子会一直移动是什么原因？要怎么做绳子才会固定，不会一直移动？" 5. 接着教师带领幼儿一起上网搜寻安全绳网的数据，让幼儿与自己的作品比较异同（网上有在扶杆支柱处拉紧绑定与打结、规律性围绕），然后鼓励幼儿根据发现尝试修改。 6. 过程中提醒幼儿用绳子围绕着楼梯的扶杆支柱，要展现美感。 7. 请幼儿最后确认所做围网足以防止跌落后，一起欣赏与比较不同组别的作品，最后提醒幼儿收拾整洁。
调整或延伸： 1. 若无平板电脑搜寻图片，教师可以针对绳子无法固定在支柱上的问题，示范有规律性的围绕与在扶杆支柱上绑定打结，让幼儿观察与比较教师的作品与自己的有何不同，期望得出"规律性围绕的美感表现与打结、绑定能使围网固定于支柱"的结论。 2. 本活动结束一段时间后，可提供不同颜色的粗尼龙绳，让幼儿挑战在不同支柱的空间中变换颜色，制造和谐的配色效果；或使用不同材质如麻绳、棉线等让幼儿比较不同材质围网的坚固性。

表 5-1-7　STEM 探究活动"我会做安全围网!"STEAM 要素分析

涉及领域	活动之 STEAM 要素分析
S(科学)	*体验密度与力度(围绕、拉紧绑定与打结),面积比较(缝隙与身体) *运用科学程序能力(观察、比较、查数据、推论、验证、沟通等)
T(技术)	*使用平板电脑搜寻数据 *运用制作技法:围绕、打结、绑定技术(密度与力度) *运用人类智慧产物:粗尼龙绳
E(工程)	*一面制作、一面探究与调整修正,做出一个高密度围绕且坚固可以防止跌落的安全围网
A(人文艺术)	*围绕出具有美感(规律性、对称等)的安全围网 *以行动体现对幼幼班弟弟妹妹的关爱 *体现合作解决问题的情意面向
M(数学)	*计算:绳子长度、结绑数、绕圈数、规律围绕次数 *空间推理与运用:比较缝隙面积与身体面积、在一定空间中围绕出高密度且坚固的围网 *型式:呈现规律性围绕与结绑

2. 如何搭建绳索小屋？

表 5-1-8　STEM 探究活动"如何搭建绳索小屋？"之设计示例

活动名称：如何搭建绳索小屋？
游戏目标：引发好奇与探究行动，培养解决问题能力，体验平衡（三角鼎立稳固结构）、密度与力度（围绕、拉紧绑定与打结）。
准备材料：粗尼龙绳一捆，竹竿三根。
进行步骤： 1. 教师引起动机："幼幼班的小朋友说想要在户外搭建一个小屋子玩，你们可以帮忙吗？要怎么做呢？你们有露营过或看过野外居住的影片吗？"让幼儿思考如何搭建小屋子的方法（如：用布料与树枝搭帐篷、用泥块与枯枝盖土屋、用石头和树枝建堡垒等）。 2. 教师拿出预先准备的材料说："如果我们想帮助幼幼班的弟弟妹妹们，但是只有粗尼龙绳和三根竹竿要怎么搭建小屋呢？"接着先聚焦在"三根竹竿要怎么摆才能变成屋子的形状？"让幼儿思考、提出方法并尝试。 3. 若幼儿将三根竹竿交叉于顶绑在一起，成三角鼎立状立于地面，教师提问："若人要进入小屋，要如何让它站得稳固不被碰倒？"引导幼儿思考解决问题（例如：将竹竿插入泥土里、在下面绑石头）。若插入泥土后屋子仍不平衡，教师提问："竹竿要怎么插入泥土中，屋子才能平衡？"引导幼儿解决问题（例如以等距方式将竹竿插入泥土）。 4. 教师继续提问："屋子由什么部分组成？""屋子能挡风遮雨是因为它有什么？"引导幼儿意识到屋子的结构（门、墙壁、屋顶）。"但我们今天只有绳子可以怎么做呢？"让幼儿思考并体验围绕、拉紧绑定与打结绳子的技术，且提醒幼儿围绕绳子要展现美感。 5. 若幼儿仅围绕绳子并未在竹竿处打结固定，致使绳子滑动；或是因过度拉紧绳子，让屋子缩小或结构不平衡，引导幼儿思考并解决问题："你围绕竹竿的方式跟别人的方式有什么不一样？""为什么围绕绳子的时候，绳子会一直跑上去？什么原因？怎么办？""为什么房子歪了不平衡？怎么办？" 6. 完成后让幼儿一起进入小屋并分享制作心得，且嘱咐幼儿一起将材料收拾整齐。
调整或延伸： 1. 当幼儿成功搭建小屋获得成就感一段时间后，教师可挑战幼儿：小屋墙壁不够密实无法挡风遮雨，要怎么补救解决问题；或是小屋的墙壁不够具有美感，也不太稳固，引导幼儿探究其他围绕编织法以解决问题（如每根竹竿先做 S 形缠绕后再编围等）。 2. 也可提供其他不同素材让幼儿尝试并比较不同材质的坚固性，如布条、布块、麻绳、垃圾袋等。

表 5-1-9　STEM 探究活动"如何搭建绳索小屋?"STEAM 要素分析

涉及领域	活动之 STEAM 要素分析
S(科学)	*体验平衡(三角鼎立稳固结构)、密度与力度(围绕、拉紧绑定与打结) *运用科学程序能力(观察、比较、推论、验证、沟通等)
T(技术)	*运用搭建技法:围绕、拉紧绑定与打结(密度与力度)、平衡搭建、等距测量等 *运用人类智慧产物:粗尼龙绳
E(工程)	*一面制作、一面探究与调修小屋的结构,做出一个可以游戏的平衡稳固绳索小屋
A(人文艺术)	*围绕出具有美感(规律性、对称等)的绳索小屋 *以行动展现对托班弟弟妹妹的关爱 *体现合作解决问题的情意面向
M(数学)	*计算:绳子长度、结绑数、绕圈数 *测量:竹竿的距离、门的大小 *型式:呈现规律性围绕与结绑 *空间:三角锥体(三角鼎立)空间

三、"一纸神功"主题

(一) 选定"主题概念网络活动图"中拟进行的 STEM 探究问题

STEM 教育第一个课程设计步骤为"选定问题与设计"。图 5-1-3 为"一纸神功"主题探究课程之主题概念网络活动图及所选定的几个拟探讨问题(以红色小三角形标示):"我是机器人!""如何制作卷轴故事架?""万圣节派对!""纸偶戏开演!""如何制作立体卡片?""创意纸藤篮!"。而以上几个问题或挑战有的源自生活中的问题,如"创意纸藤篮!""如何制作立体卡片?""如何制作卷轴故事架?"(以假想情境传递问题);有的源自游戏中的问题,如"纸偶戏开演!""万圣节派对!""我是机器人!"(以假想情境传递问题)均具有浓厚的 STEM 元素,而且基于经验,幼儿应该也会感兴趣。其实此主题下可进行的 STEM 探究活动很多,教师应根据幼儿兴趣及状况、主题时间长短与教师自身知能等,选择合宜的挑战或问题,设计强调探究性并以制作物解决问题的 STEM 探究活动。

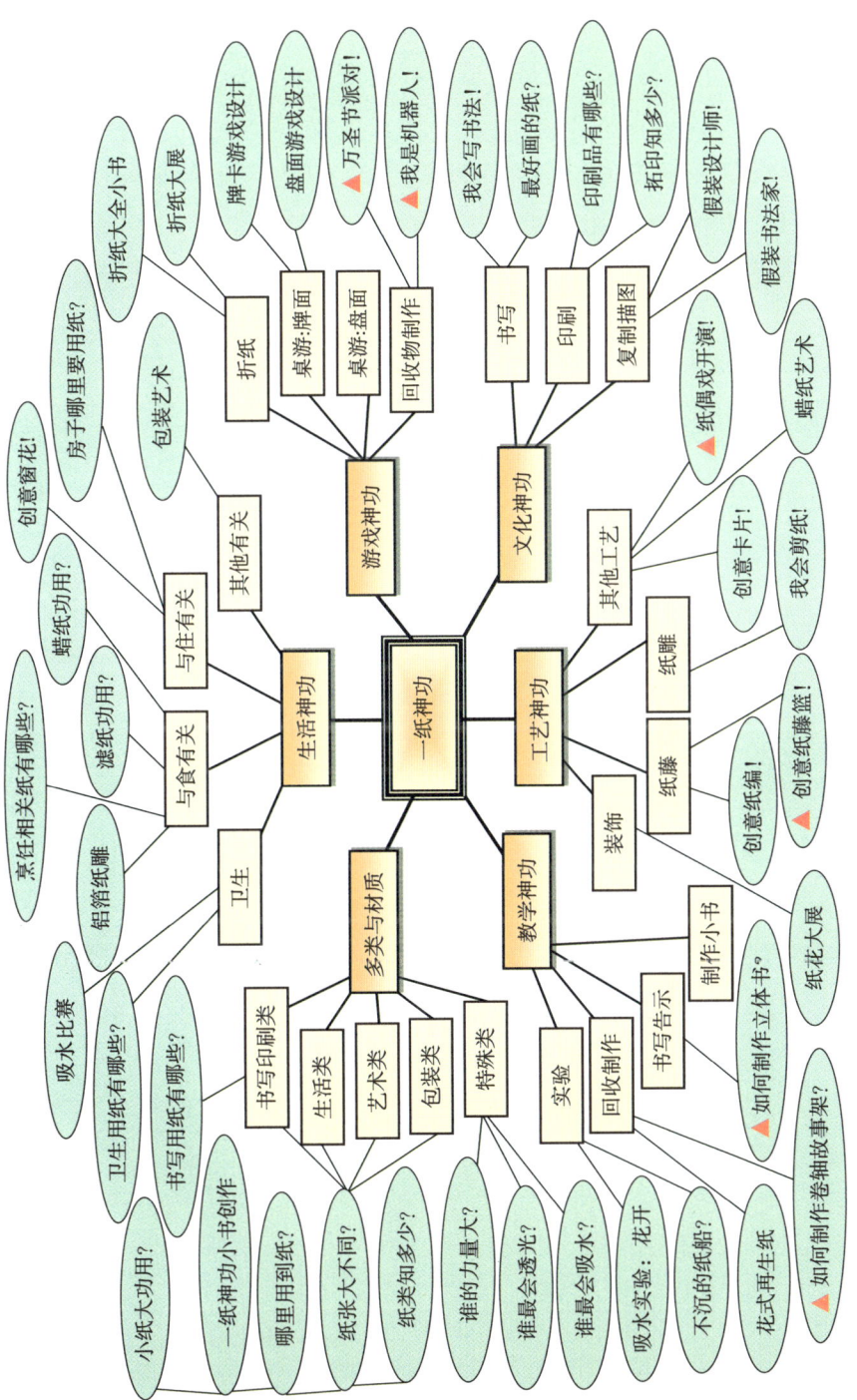

图 5-1-3 "一纸神功"主题在概念网络活动图上选定的 STEM 探究问题

（二）STEM 探究活动设计示例及其 STEAM 要素分析与调整

限于篇幅，此处只选择"我是机器人！"与"如何制作卷轴故事架？"两个 STEM 探究活动，呈现第一个设计与第三个设计步骤，即活动内容设计及其 STEAM 要素分析与调整，以供读者参阅。至于第二步步骤，则请教师自行探究问题内涵，以利教学施行。

1. 我是机器人！

表5-1-10　STEM 探究活动"我是机器人！"之设计示例

活动名称：我是机器人！
游戏目标：引发好奇与探究行动，培养解决问题能力，体验平衡稳固结构、空间与面积推理。
准备材料：各种大小的纸箱、剪刀、美工刀、白胶、双面胶、热熔胶、铝箔纸、回收物等。
进行步骤： 1. 教师说："昨天我看到小朋友在积木区扮演机器战警、机器人，正好园里要举办大庆生活动，我们可以把自己打扮成机器人哦！" 2. 接着问幼儿机器人长得怎么样，从哪里可知道。与幼儿一起搜寻平板电脑上的影片与图片，并请幼儿仔细观察它的特征是什么，与人类有何异同。 3. 教师拿出纸箱与相关工具问幼儿："我们教室里有好多回收的纸箱，纸箱可以做什么？"让幼儿积极表达。如果幼儿未提及机器人，教师说："我们也可以用纸箱把自己装扮变成机器人啊！那要怎么做呢？怎么用纸箱制作平衡、稳固且方便行动的机器人？" 4. 请幼儿先画设计图，然后让幼儿开始动手制作，并且提示幼儿："要把自己装扮成机器人，可以直接把纸箱全部粘起来吗？为什么？""怎么做才能把机器人像衣服一样穿在身上？""怎么用纸箱分别做机器人的头部、身体躯干部位与手、脚的部位呢？" 5. 在过程中视幼儿表现引导其思考与解决各种问题，例如："纸箱尺寸大小与身体部位不符合无法套进身体时，该怎么办？要怎么把纸箱穿在身上？""要如何把纸箱上剪下的纸片做成可套入我们身体的机器人结构？""铝箔纸要剪多大？"等。 6. 完成后让幼儿试穿机器人穿戴装置，请幼儿比较所制作的机器人与图片中的机器人有何不同，下次可以如何改进。 7. 最后嘱咐幼儿收拾整洁，将机器人穿戴装置放在团体讨论区以引发其他幼儿制作兴趣。
调整或延伸： 1. 裁剪纸箱时须注意安全。 2. 可挑战幼儿：如何让手与脚的部位有能自由弯曲的关节，且不会脱落？你的机器人看得见吗？怎样做才能让眼睛看得见、自由无碍地移动身躯？

表 5－1－11　STEM 探究活动"我是机器人！"之 STEAM 要素分析

涉及领域	活动之 STEAM 要素分析
S(科学)	*体验平衡稳固结构、空间与面积推理 *运用科学程序能力(观察、查数据、比较、推论、验证、沟通等)
T(技术)	*使用平板电脑搜寻数据、绘画设计图 *运用制作技法：裁剪、连接、胶黏、测量、装饰、建构等 *运用人类智慧产物：纸箱、铝箔纸、双面胶、热熔枪等
E(工程)	*实际制作机器人的过程中要设计、裁剪、连接、胶粘、装饰、调修，并做空间与面积推理，使整体结构穿戴起来显现平衡感且方便行动
A(人文艺术)	*表现整体机器人的造型、美感与创意 *绘画设计图 *体现合作解决问题的情意面向
M(数学)	*计数：包覆手、脚部位的纸板片数 *测量：各部位穿戴装置与人体部位的长宽度 *空间面积与推理：纸箱空间、纸片面积可否容纳身体各部位

2. 如何制作卷轴故事架？

表 5-1-12　STEM 探究活动"如何制作卷轴故事架？"之设计示例

活动名称：如何制作卷轴故事架？
游戏目标：引发好奇与探究行动、培养解决问题能力、体验转轴原理。
准备材料：扁纸箱、空心水管或硬纸卷筒两个、剪刀、美工刀、双面胶、胶带、尺等。
进行步骤： 1. 教师说："上次园游会老师看到有人展示卷轴故事架，可以一面说故事，一面把故事情节连续地卷出来，我觉得你们很棒，都是小小工程师，请你们帮班上做一个卷轴故事架吧！" 2. 告诉幼儿要先研究一下卷轴故事架，然后引导幼儿从平板电脑上找出卷轴故事架的影片与图片，请幼儿仔细观察。 3. 接着教师说："大家想一想，生活中有什么东西像这样可以把纸卷起来？"当幼儿说出卫生纸、厨房纸巾、保鲜膜时，问幼儿："它里面有什么东西可以把纸张卷出来？"当幼儿说出长长的卷筒或棍子时，教师接着说："我们今天就是要运用卷筒的转动，做出外形好像电视机的卷轴故事架哦！" 4. 在确认幼儿了解卷轴故事架包含卷轴、背景图片、屏幕框架三大部分后，请幼儿先画设计图。 5. 发下纸箱、水管或卷筒等材料与工具，教师请幼儿先确认纸箱尺寸与图画纸大小后，引导幼儿依序制作或分工制作，例如粘接绘好的图画纸、在纸箱上下挖洞插入水管卷轴、在纸箱上挖出屏幕开口、将图画纸粘在卷筒上等。 6. 过程中再请幼儿仔细观察平板上的卷轴故事架图片，并引导幼儿思考与解决问题，例如："卷轴故事架是如何能连续地卷出背景图画来的？""这些图画要怎么安装在卷筒上？"（提示卷筒与图画纸的空间关系）"拉开的卷轴图片是在电视机体的哪一个部位？""屏幕要开在纸箱的哪里？"（提示卷轴与屏幕的空间关系）等。 7. 机体制作完成后，请幼儿思考，如电视机的卷轴故事架还有什么零件或装饰，将作品与平板电脑上的卷轴故事架图片比较有何异同。 8. 整体完工后，让幼儿实际使用转轴故事架，享受说故事时有背景图片卷出的效果，并讨论还有什么可改进之处。最后提醒幼儿要将材料收拾干净。
调整或延伸： 1. 在使用工具时要注意安全及轮流等待，使用美工刀时要有教师在旁，桌面上要垫切割垫。 2. 这个活动可能要分两或三次时段才能完工，如先绘制卷轴的图画、再张张粘接并固定于卷筒成卷轴，最后安装于机体内并装饰机体。 3. 当完工一段时间后，让幼儿挑战做出机体有旋转把手更便于操作的卷轴故事架。

表 5-1-13　STEM 探究活动"如何制作卷轴故事架?"之 STEAM 要素分析

涉及领域	活动之 STEAM 要素分析
S(科学)	*体验转轴原理 *运用科学程序能力(观察、查数据、比较、推论、验证、沟通等)
T(技术)	*运用平板电脑搜寻数据、绘画设计图 *运用制作技法:切割、裁剪、粘接、钻挖、卷绕、测量等 *运用人类智慧产物:纸箱、空心水管或硬纸卷筒、美工刀等
E(工程)	*一面制作、一面探究与调整修正,做出一个可以卷出故事背景图片的卷轴故事架
A(人文艺术)	*"对称"安装卷轴、装饰卷轴故事架使具美感 *绘画卷轴的画纸(故事情境) *绘画设计图 *体现合作解决问题的情意面向
M(数学)	*测量:图画纸、水管转轴、纸箱机体、纸箱屏幕的长宽高 *空间推理:在机体上推理屏幕位置、将卷轴机制合宜地置入纸箱机体空间内

四、小结

以上三个主题脉络下的六个 STEM 探究活动均是遵从课程设计三步骤原则而设计的——选定问题与设计、探究问题内涵（本章旨在呈现强调探究性并以制作物解决问题的活动内容设计，所以略过）、分析 STEAM 要素与调整。省思这六个活动，稍微不足的是，在材料的提供上确实有些受限，因为一方面考虑到这些活动具研究试行作用，不想造成园方额外准备材料的困扰，一方面也顾及研究生赴幼儿园试行材料携带便利性，无法为幼儿准备多元丰富的材料。不过工程活动的性质本就是在既有的限制下选择合宜的方案，以完成条件要求。重要的是，这些活动内涵大体上符合幼儿 STEM 教育课程设计三要素的要求，尤其在目标方面足以引发好奇与探究行动，并可培养幼儿解决问题能力。

以"怀旧的中华文化"主题下的"如何制作舞龙？"STEM 探究活动为例，说明如何符合课程设计三要素。有如表 5-1-3 STEAM 要素分析所显示，教学目标要素着重培养幼儿解决问题能力、引发好奇与探究行动。再从教学内容要素而言，舞龙是农历春节常见的活动，是中国人生活的重要部分，因此活动内容也符合生活化的设计；而且自己组装材料制作成可舞动的龙，对幼儿来说是有趣的；又从 STEAM 分析表明显可见，其涉及 S、T、E、A、M 跨领域统整的设计。再就教学方法要素而言，这是小组活动设计，而且在活动中幼儿有许多机会运用探究能力，例如观察舞龙影片与图片、搜寻计算机数据、推论原因以及以行动验证等，这部分如第六章第四节实施实例中之专门探讨——幼儿的反应所载。总之，这些 STEM 探究活动显然强调探究力的运用并产生制作物以解决问题或克服挑战，无论是在教学目标、教学内容或教学方法的拟定上，大体上均符合 STEM 教育之课程设计三要素原则。

第二节　以绘本情境设计幼儿 STEM 探究活动示例

上节呈现主题脉络下 STEM 探究活动的设计，其问题或挑战来自生活、游戏、绘本或假想情境，本节则专门以绘本情境来设计幼儿 STEM 探究活动。绘本故事中的待解决问题或可运用的挑战情境是镶嵌于故事情境的，它有图文并茂的情境脉络，使幼儿易于投入，设法代为解决或接受挑战，是很方便上手与运用的幼儿 STEM 教育资源及切入点。因此教师可善用此资源预思 STEM 课程或活动。本节首先介绍一些可资运用于幼儿 STEM 课程的坊间绘本，其次提供 STEM 探究活动设计实例，以供读者参考。

一、坊间绘本资源与其可运用问题或挑战

运用绘本情境设计 STEM 探究课程可以是个别的 STEM 探究活动，也可以延伸成主题式 STEM 探究课程，即以主题脉络来整合各探究性活动。基本上绘本情境可以用来给幼儿提供待解决的问题或挑战，它可能有不同情况，一种情况是"问题同一"，但解决问题的方法或形式多元——例如《金发女孩和三只熊》绘本（请见表 5-2-1 之第 6 本），同样是帮小熊制作椅子以替换坏椅子的挑战，可以制作一张与原坏椅子同样外形的椅子，也可以制作一张具有创意外形的椅子，当然也可以制作一张让小熊开心的摇摇椅。另一种情况是"问题多元"，即一本绘本中有多个挑战或需待解决问题——例如《小小火车向前跑》绘本（请见表 5-2-1 之第 11 本），可以让幼儿接受挑战为火车经过西瓜田而盖高架桥，也可以为火车经过高山而盖旋转桥或螺旋桥等。还有一种情况是"问题同一，但问题太大"，可将其拆为几个小问题——例如英文绘本《如果我建一栋房子》(*If I Build a House*)绘本（请见表 5-2-1 之第 9 本），房子有不同的组成部分如房间、客厅、浴室、厨房，可以让幼儿挑战房间的创意设计，也可以挑战客厅或浴室的另类设计，甚至可以搭配"假想情境"提出挑战或问题给幼儿——例如《金发女孩和三只熊》绘本中，"熊爸爸想帮小熊在屋外树下做一个秋千让小熊玩"，请幼儿帮忙解决，就是假想情境。

其实绘本种类很多，教师可自行找寻合适的绘本，设计 STEM 探究活动或主题课程。表 5-2-1 是可资运用的一些坊间绘本，基本上所提出的挑战或问题都可以让幼儿运用工程程序与探究能力去面对或解决，但可运用的问题或挑战不限于表中所列，教师可以视幼儿的特质与状况、教室的资源等调整问题或假想延伸。其中除两本英文绘本外，在台湾均可以购买，而在网络上可搜寻到的两本英文绘本非常棒，笔者不忍割舍：如《如果我建一栋房子》中的男孩想象力十足，把整个家的外形与内部设计得非常另类，其问题或挑战足以激发幼儿运用创意完成作品，若搭配描绘以创意建筑外行挂帅的女建筑师故事的《世界不是方盒子》就非常完美；《最非凡的东西》(The Most Magnificent Thing) 充分描绘了一位小女孩如何历经工程制作程序，最后产生非常棒的作品——可载狗的滑板车的历程，可激发幼儿锲而不舍地探索与解决问题的精神。

表 5-2-1　坊间相关绘本与其可运用的问题或挑战

绘本名称	故事情境	可运用之问题或挑战
1.《不是箱子》（译）	有一只兔子充满想象力，把一个方形箱子当成各种东西，如比赛的跑车、登顶兔峰的兔子、任意操作的机器人，甚至是宇宙飞船等，并一直强调它不是一个箱子，让四边形线条有无穷的想象空间。	1. 假如你是那只兔子，你可以把那个箱子"做成"各种不同的东西吗？ 2. 如果你是那只兔子，你可以把那个箱子与别的东西"组合成"另一个东西吗？
2.《怕浪费的奶奶》（译）	有一位奶奶非常节省，很怕浪费，任何东西都不愿丢弃，认为都可以再利用，即使是橘子皮、揉成团的废纸，甚至是他人吃剩的饭粒，也往自己嘴里送，而且很喜欢唠叨："真是浪费呀！"	1. 响应奶奶不浪费东西的倡议，你可以将今天喝完的牛奶瓶做成有用的东西吗？ 2. 响应奶奶不浪费东西的倡议，你可以将回收箱里的素材做成有用的东西吗？
3.《天外飞来的访客》（译）	阿丽生性胆小，很少出门，某天一架纸飞机从窗户飞进她的世界，被吓坏的她虽然烧毁了这个外来的物体，却一直心感不安。后来一位天真无邪的小男孩登门索取，阿丽从不知所措转变到敞开心门与他相处。	1. 书中小男孩的纸飞机被烧毁了，你可以帮他再做一架同样的纸飞机并盖机场吗？ 2. 书中小男孩的纸飞机被烧毁了，你可以再做两架不同外形的纸飞机和伙伴一起玩吗？

续表

绘本名称	故事情境	可运用之问题或挑战
4.《吉布的小汽车》(译)	住在非洲的吉布是黄土沙漠里的牧羊小孩,喜欢用垃圾回收物如矿泉水瓶等做成小汽车。后来巧遇来自西方社会与家人开车来非洲度假的戴维,两人都喜欢小汽车,共同谱出一段温馨的故事。	1. 假如你是吉布,除了做小汽车外,还可以用矿泉水瓶做什么好玩的玩具? 2. 你会用其他回收物制作一辆汽车吗?(或用其他回收物还可以做成什么东西?)
5.《长发公主》(译)	长发公主被巫婆禁锢在高塔上,女巫每天都要公主把头发放下来让她当成绳子往上爬,并威胁公主不能离开高塔,否则会受到诅咒。但是公主还是运用长发以及在朋友的帮助下聪明地跑出去了,不再受巫婆控制。	1. 如果你在塔外,要如何帮助长发公主逃出塔?(如用绳子、树藤、木条等物做成梯子) 2. 如果你是长发公主,除了运用长发外,还有什么方法可以逃出去?请思考并尝试。
6.《金发女孩和三只熊》(译)	熊一家一早出去散步,金发女孩进了熊家中,先吃了小熊的粥,又发现小椅子最舒服就坐了下去,但"哐当"一声小椅子散架了,最后她在楼上的小床上睡着了。结果熊一家回来发现椅子坏了,也发现了金发女孩,女孩仓皇逃走。	1. 你可以为小熊制作一把同样外形的椅子,来替换坏掉的椅子吗? 2. 你可以为小熊制作一把具有创意外形的椅子,来替换坏掉的椅子吗?
7.《一个爱建筑的小男孩》(译)	小男孩依基·佩克(Iggy Peck)从两岁起就很喜欢建筑,如用脏尿布堆叠高塔、粉笔盖城堡等,但老师禁止他在课堂上盖东西。后来全班到小岛野餐时桥垮了,老师被吓昏了,他就用树枝与鞋带等搭盖了一座吊桥,解救了全班。	1. 假如你是喜欢建筑的依基,你可以用粗树枝与绳子等搭建吊桥解救全班吗? 2. 假如你是小小建筑师依基,你可以用手边各种材料搭建一座漂亮的房子吗?
8.《世界不是方盒子》(译)	第一位获得普利兹克建筑奖的女性——伊拉克女孩扎哈·哈迪德,从小看见家乡河流、沼泽、沙丘的美,遂以大自然为素材,设计与众不同的奇特建筑,初始不被认同,日以继夜工作后,终于获得世界青睐。	1. 想象你是一位建筑师,想建造一栋房子,你会盖什么独特造型的创意房子? 2. 想象你是一位建筑师,请你帮幼儿园盖一个最好玩的户外游戏场,你会怎么盖?

续表

绘本名称	故事情境	可运用之问题或挑战
9.《如果我建一栋房子》(If I Build a House)	小男孩对妈妈说:"如果我建一栋房子,一定跟看起来很无聊的方形房子不同。我设计的房子在厨房有机器人帮你烹煮与清理;在浴室洗澡只要站在一条输送带上,就完全帮你洗干净;卧室像圆球高高地坐落在一个塔上,四周围绕着玻璃……"	1. 如果你建造一栋房子,会是什么具有创意的内部设计呢? 2. 如果你建造一栋房子,你的客厅会做怎样的设计呢? 3. 如果你建造一栋房子,你的房子整体外观会做怎样的设计呢?请你搭建出来。
10.《三只山羊嘎啦嘎啦》(译)	有三只山羊想到山对岸的草原吃青草,但是山谷桥下住着一只大怪兽,最小的与中间大小的两只山羊过桥时,都对怪兽说有一只更大的山羊会来,大怪兽就放走了它们。最后大山羊过桥时强势霸气地将大怪兽打败,三只山羊就在草原上享受绿草。	1. 你可以帮三只山羊再盖一座桥通往山对岸的草原,让它们不用受到怪兽的威吓吗? 2. 你可以再盖一座与原来不同材质或形式的桥吗?如拱桥或吊桥,请你搭盖出来。
11.《小小火车向前跑》(译)	"轰隆轰隆"小小火车往前跑,把经过的各种障碍都一一地解决,像遇到一群鸭子就盖平交道,遇到人群就盖车站,遇到西瓜田就盖高桥从上头过,遇到高山就盖旋转桥,遇到深谷就盖云霄飞车等。	1. 如果小小火车要穿过高山,你可以帮它盖一座旋转桥吗? 2. 如果小小火车要经过西瓜田,你可以帮它盖一座高架桥吗?
12.《和甘伯伯去游河》(译)	住在河边的甘伯伯有一艘木船,有一天他撑着船去游河,两个小孩、兔、猫、狗、猪、羊、鸡、牛等也陆续上船。后来游客忘了守秩序,结果翻船了,大家都跌进水里。游到岸边后,甘伯伯请大家到家中喝茶,并邀约下次再度游河。	1. 你可以帮甘伯伯做一艘不会沉的船,让所有的动物都可以坐上去吗? 2. 你可以帮甘伯伯做一艘不同材质与样式的船,让所有动物都可以坐上去吗?
13.《小布修东西》(译)	奴奴与小布开了一家修补店,客人陆续带来坏掉的脚踏车、躺椅、擀面棍、烫衣板、排水管等请他们帮忙修理,但大家来取东西时都发觉变了样,如脚踏车变单轮车、躺椅变手推车、擀面棍与烫衣板变滑板车、排水管变花盆等。	1. 如果你是小布,你还可以把排水管做成其他什么东西? 2. 如果你是小布,你还可以把躺椅做成其他什么东西? 3. 如果你是小布,你还可以把脚踏车做成其他什么东西?

续表

绘本名称	故事情境	可运用之问题或挑战
14.《最非凡的东西》(The Most Magnificent Thing)	有位小女孩有个梦想:做一个全世界最非凡的东西。于是她开始计划、搜集材料与制作,但是一直调整、研究又再试,还是失败,几乎放弃。她在散步后重新检视失败作品,找到每个作品的优点,最后产生新的点子,终于完成心中最棒的东西——可载狗的滑板车。	1. 你能像小女孩一样锲而不舍地创新发明一个很棒很实用的东西吗?请你发明出来。 2. 你能像小女孩一样锲而不舍地创新发明一个宠物可以用的东西吗?请你设计发明。

二、以绘本情境设计 STEM 探究活动示例

此处以《金发女孩和三只熊》《三只山羊嘎啦嘎啦》两本绘本为例,说明如何将绘本情境运用于 STEM 探究活动的设计,将依第四章所示之三步骤设计程序而说明——选定问题与设计、探究问题内涵、分析 STEAM 要素与调整。因本章第一节对 STEM 探究活动的设计内涵已充分展现,所以本节主要呈现三步骤设计实务,至于活动内容的设计只要抓住重点即可——让幼儿运用探究力并以制作物解决问题,在此并不呈现。

(一)《金发女孩和三只熊》

首先第一个步骤是选定问题与设计,小熊的靠背四脚椅子被金发女孩坐坏了,椅子的样式很多,所以帮小熊制作椅子的挑战首先是必须选定制作哪一种样式或功能的椅子(图 5-2-1),如果选定的是创意的椅子,就是让幼儿自行制作具有独特造型或特殊功能的创意椅子。其实此时教师就可探究创意椅子的内涵,或等设计完 STEM 探究活动后再深入探究(图 5-2-2),完全视教师自身对于椅子知能的熟稔程度,以便在教学互动时能更有信心面对幼儿,并能先行准备幼儿探究的舞台。继而则分析 STEAM 要

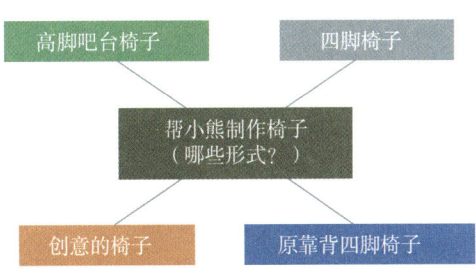

图 5-2-1 《金发女孩和三只熊》绘本情境之设计步骤:选定问题

素并做适当调整(表5-2-2),也可在教师探究问题内涵后分析与调整。

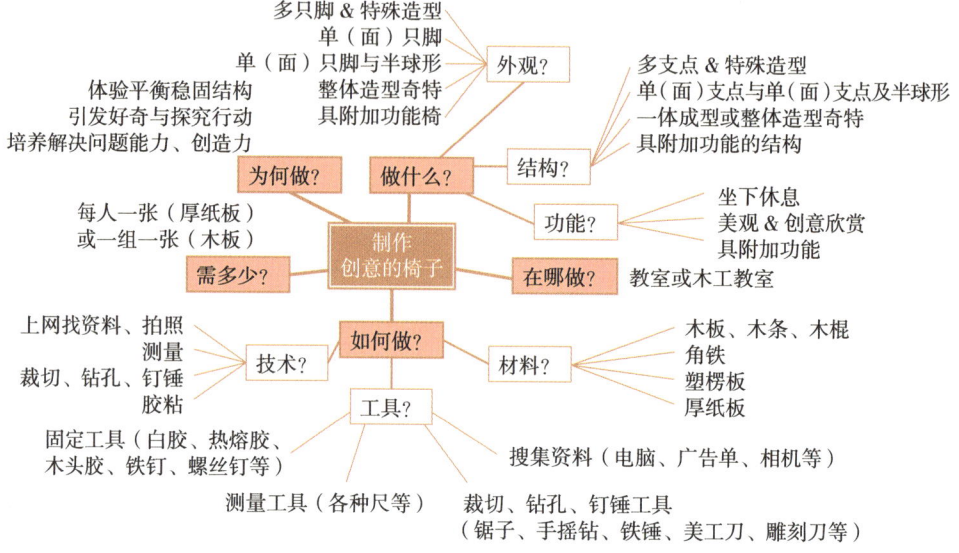

图5-2-2 《金发女孩和三只熊》绘本情境之设计步骤:教师探究问题内涵

表5-2-2 《金发女孩和三只熊》绘本情境之设计步骤:STEAM分析与调整

涉及领域	活动之STEAM要素分析
S(科学)	*体验平衡稳固结构、简单结构力学(承重) *运用科学程序能力(观察、搜寻数据、比较、推论、验证、沟通等)
T(技术)	*使用平板电脑搜寻数据、相机记录、画设计图等 *运用制作技法:裁切、测量、刨削、钉锤、胶粘、钻孔、旋转等 *运用人类智慧产物:塑楞板、厚纸板、木板、木棍、热熔枪、木头胶、尺等
E(工程)	*设计、制作可承重、稳固与创意的椅子,不稳固或创意不足则再调整优化
A(人文艺术)	*表现椅子的整体创意造型与美感(色彩、对称、形式等) *展现帮助小熊的关爱情怀
M(数学)	*计数:椅脚数量、固定工具数量(如钉子、螺丝钉)等 *测量:椅面、椅脚、椅背、扶手等 *几何与空间:椅面与椅背的形状、椅子整体几何造型、整体空间运用

(二)《三只山羊嘎啦嘎啦》

首先第一个步骤是选定问题与设计,此绘本的挑战问题是帮山羊另盖一座桥使其不受怪兽威吓,然而桥的形式很多,所以必须选定制作哪一种形式的桥(图 5-2-3),如果选定的是悬索桥(吊桥),就是让幼儿进行探索与制作悬索桥的 STEM 探究活动。其实此时教师就可先行探究悬索桥内涵,或等设计完 STEM 探究活动后再探究(图 5-2-4),完全视教师自身对于悬索桥知能程度,以便在教学互动时能更有信心面对幼儿,并能先行准备幼儿探究的舞台。继而则分析 STEAM 要素并做适当调整(表 5-2-3),也可在教师探究问题内涵后分析与调整。

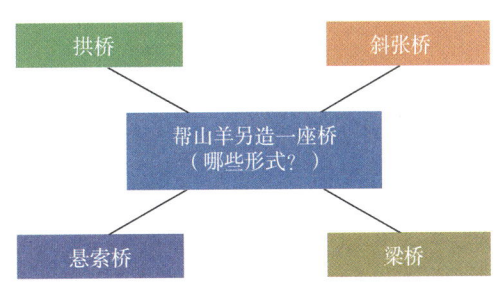

图 5-2-3 《三只山羊嘎啦嘎啦》绘本情境之设计步骤:选定问题

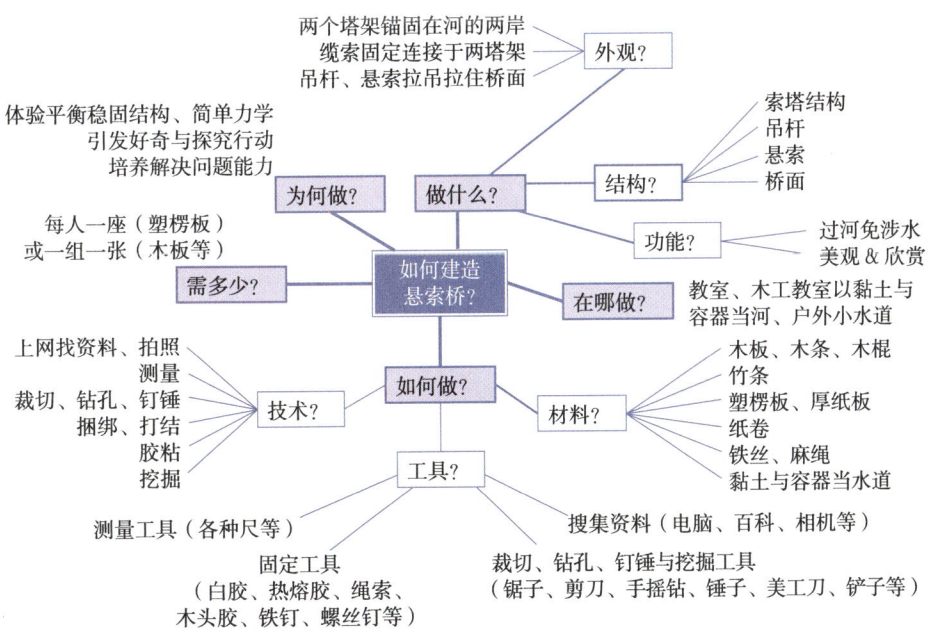

图 5-2-4 《三只山羊嘎啦嘎啦》绘本情境之设计步骤:教师探究问题内涵

表 5-2-3 《三只山羊嘎啦嘎啦》绘本情境之设计步骤：STEAM 分析与调整

如何为山羊另搭一座悬索桥？	
涉及领域	活动之 STEAM 要素分析
S(科学)	*体验平衡稳固结构、力学(悬索张力、塔架压力) *运用科学程序能力(观察、搜寻数据、比较、推论、验证、记录等)
T(技术)	*使用平板电脑搜寻数据、相机记录、画设计图等 *运用搭建技法：裁切、测量、钉锤、捆绑、打结、钻孔、挖掘、刨削等 *运用人类智慧产物：塑楞板、木板、处理过的竹枝、热熔枪、尺、手摇钻孔器、锯子、麻绳、铁丝等
E(工程)	*绘画设计图、制作可在上面行走的稳固悬索桥、结构不稳则设法再改良精进
A(人文艺术)	*呈现悬索桥的整体造型(索塔、吊杆、悬索、桥面)与美感(对称、形式、颜色等) *展现帮助山羊使其不被怪兽威吓的关爱情怀
M(数学)	*计数：木板、厚纸板、纸卷、竹条、麻绳(吊杆)等的数量 *测量：绳子、吊杆、木板、厚纸板、竹条等的长宽度 *几何与空间：悬索桥整体几何造型(索塔、吊杆、悬索、桥面)与这些结构在空间中的推理运用

第六章
幼儿 STEM 教育之课程实施实例

本章旨在呈现幼儿 STEM 教育之课程实施实例，包含第一节到第三节的三个 STEM 探究主题中的部分课程，分别为水的乐园之"水道工程师"、米粉达人之"我的米粉工厂"、薰衣草的工作室之"水通过的摩天轮"。这些课程是大庄小学附幼李如滢主任班上所实施过的基于主题探究课程的 STEM 探究课程，由其主笔并在笔者审修下呈现，其中前两个课程曾获得台湾教育部门教学卓越金质奖，第三个课程则是上学期刚进行过的。第一个课程"水的乐园"是基于李如滢的硕士论文行动研究的，当时在主题探究课程基础上就已经将 STEM 精神带入，其后则持续于耕耘幼儿 STEM 课程。在这三节中不仅有详细的课程纪实，也有教学省思，从幼儿与教师面向检视实施状况与结果，呼应本书第四章的课程实施各项原则；此外亦提出实施困难与解决策略，以供有心实施的教师借鉴或参照。

为鼓励意欲实施者从较为简易的 STEM 探究活动切入尝试，第四节有别于以上三节，旨在呈现 STEM 探究活动纪实，这些活动是由研究生共同设计的课程作业，在笔者与其研讨并审定后到大庄附幼试行，即第五章第一节六个 STEM 探究活动。首先声明的是，为了呈现 STEM 课程整体设计原则，这些活动虽然以主题脉络来统整设计，但是并非在幼儿园班上原本实施的主题情境脉络下设计与实施。在此特别要感谢大庄附幼的配合。笔者一向主张渐进实施课程转型或创新,考虑到教师经验与信心等各项因素,建议有意尝试者由一星期一两个 STEM 探究活动做起,逐渐进阶到主题式 STEM 探究课程的实施(即以一个主题脉络来统整所有探究活动,有如本章第一节到第三节)。第四节即是这六个 STEM 探究活动的实施纪实,乃由笔者基于研究生搜集之多元试教资料(如视频、相片、教学纪实与教学省思),在研讨后而撰写,内容包含从幼儿、教师与师生互动层面检视实施状况与结果,也可供感兴趣试行者参照。

第一节　STEM 探究主题——
水的乐园"水道工程师"课程纪实

本节旨在叙述"水的乐园"主题情境脉络下的 STEM 探究课程"水道工程师"的完整课程实施状况,含主题课程缘起、主题概念网络活动图、课程发展脉络、课程纪实、课程实施结果与教学省思、课程实施中的困难与解决策略,期望对现场教师有所裨益。

> 做水道小船比赛歌
> 做水道,用积木,还要加上塑料袋,
> 塑料袋,没粘好,水跑到外面去。
> 破掉的地方粘起来,把水打开试试看,
> 成功了,放小船,小船来比赛。
>
> （取自:幼儿改编儿歌）

一、主题课程缘起

主题探究课程"水的乐园"是一个与生活有高度密切关系且不可或缺的元素,例如:身体会制造出汗水、泪水、尿液等等,海边有水,马桶里有水,水龙头、饮水机打开就有水,洗头、洗澡、洗手、洗菜、洗米、浇花、洗衣服、解渴……用到水的时候还真多！通过与幼儿进行初步的讨论,了解到生活中有哪些与水相关的经验,从生活经验延伸出幼儿感兴趣的主题活动。

二、主题概念网络活动图

在主题探究课程备课阶段,老师们寻找有关水的相关资料,初步定调课程发展的方向、设计可能的活动,并纳入幼儿的想法与兴趣,绘制主题概念网络活动图(图 6-1-1)。图中以蓝色小三角形标示出的就是幼儿颇感兴趣且富 STEM 要素的本节呈现重点"水道工程师"课程。

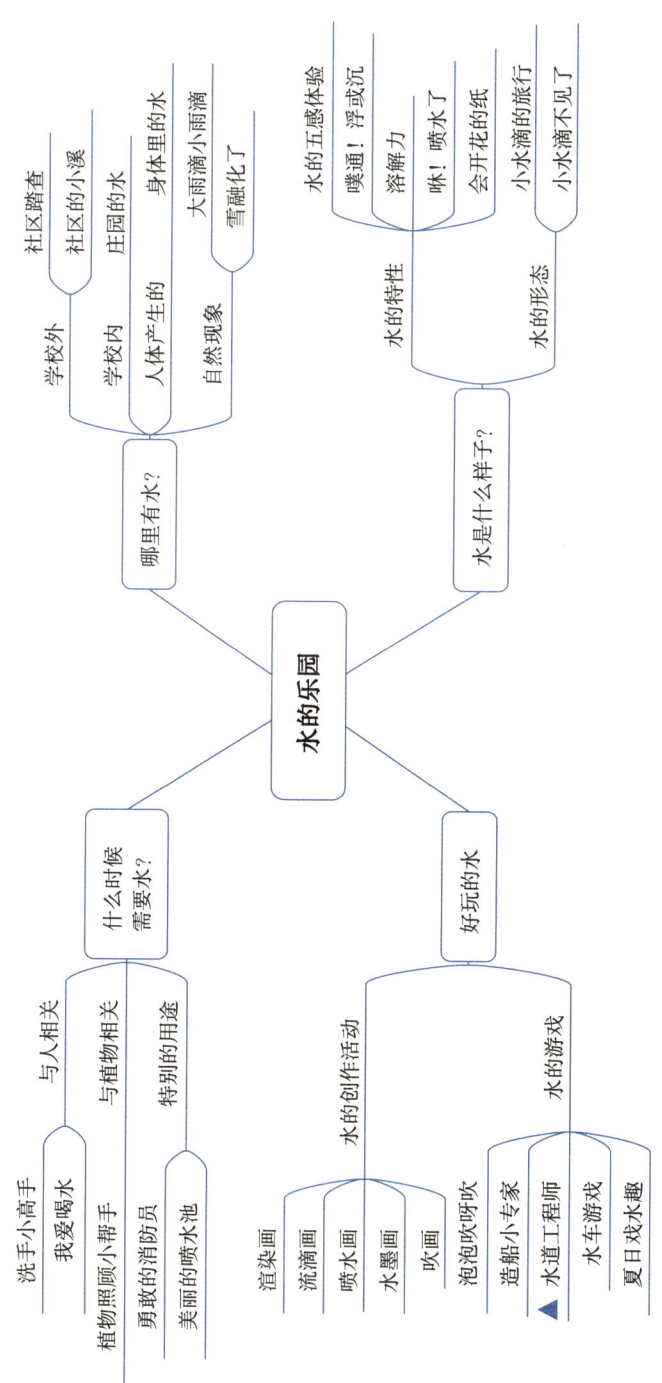

图6-1-1 "水的乐园"主题概念网络活动图

三、课程发展脉络

主题探究课程"水的乐园"进行为期四个月(课程实施起迄期:2016年3月至2016年6月),其发展脉络来自主题概念网络活动图(图6-1-1),为使课程发展脉络更清晰,以图6-1-2呈现。由教师事先思考幼儿的旧经验、容易就地取材的元素与幼儿特别感兴趣的议题,依次为水的寻访行、水的实验室、水的梦工厂,在师生共构的课程理念下接续发展各教学活动。

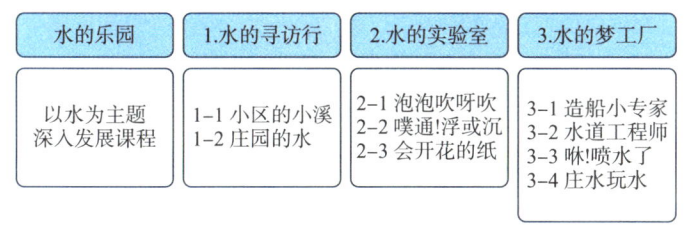

图6-1-2 "水的乐园"课程发展脉络图

四、课程纪实

在经历了前一阶段玩泡泡水以及体验浮力与毛细现象后,因小组经验交流萌生制作小船的兴趣,在同侪鹰架的协助下,设计、制作小船的进度飞快,然而难题在这时出现了……原本的塑楞板水道早已坍塌无法使用,为了要一圆玩小船的愿望,幼儿便得动脑思考、动手制作一个可以玩小船的水道。下述以"水道工程师"为例(课程实施起迄期:2016年5月中旬至2016年6月中旬)。

(一)水道怎么做? Ⅰ——将旧经验充分应用于新情境

小船完成后,紧接着与幼儿讨论可以在哪玩小船。由于有了另一组的经验——使用塑楞板制作水道(图6-1-3),幼儿发现除了会漏水外,水放进去后两旁会慢慢往外侧坍塌,塑楞板更随之逐渐摊平而无法达到蓄水之功能。另外,幼儿也发现水道里面不可放装饰物,因使用塑楞板制作水道组的幼儿,在水道完成后提议要装饰水道,并且全部使用"纸类"作为装饰物的素材,未料到在放水后却阻碍了小船前行。幼儿"观察"到这两个重要的现象后,便有了初步的想法,例如:"用塑楞板做水道放水以后,旁边会慢慢变平,这样水就会流出去。""还有我觉得他们用两个塑楞板接起来的地方没有接好,这样水也会流掉,水如果一直这样开着很浪费水。""我觉得用塑楞板不好,应该要用纸箱。""可是纸箱碰到水会湿掉。""可以加塑料袋啊,因为塑料袋不怕水。"

图6-1-3 塑楞板水道

有了另一小组使用塑楞板筑水道失败的经验后,第一次讨论时,幼儿认为建构水道应该用"纸箱加上塑料袋",正好教室有一些小纸箱可以使用。但先前的旧经验是纸箱泡在水里会烂掉,吸水实验时的结论是塑料袋不吸水,所以累积了两个实验所知,遂结合小纸箱与塑料袋两个素材,试试看怎么把小纸箱做成水道。

一开始使用一个小纸箱做水道时,幼儿发现,有的小船比较大,水道只能放一艘船,需要用两个小纸箱把它们连接起来(图6-1-4)。接着将两个小纸箱组合好并在上面铺上塑料袋之后,拿到教室外的花台把水放进去,看看是否成功,以再度"验证"先前"吸水?不吸水?"实验的结果。由于累积了许多实验经验,幼儿知道"要放一阵子观察看看",即不要立刻下定论。在当日午睡后,幼儿经过仔细地检视并"推论":"小纸箱干干的!""塑料袋在中间,所以水不会弄湿小纸箱。"因此,小纸箱加上塑料袋的计划是成功的!

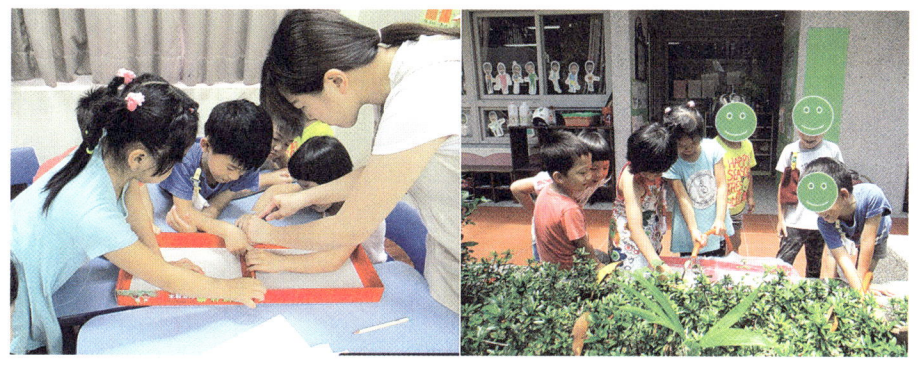

图6-1-4 利用小纸箱加上塑料袋组合的水道

(二)探查小区的小溪——实地观察后突破瓶颈

组合两个小纸箱和塑料袋的计划成功后,把几艘制作完成的船放在水道里,便发现两个小纸箱组成的水道太小了！在讨论如何做出比较大的水道时遇到了瓶颈,除了借鉴另一组的经验之外,也提供相关的图片和"上网观看"相关的影片,但是仍没有具体可行的想法。在与搭班教师讨论过后,我们认为,如果能进行实地观察生活情境之实景,也许能引导幼儿思考如何构筑水道,于是决定带领幼儿到幼儿园附近的小溪旁,"观察"与"记录"小溪的整体样貌(图6-1-5)。

图6-1-5 观察幼儿园附近的小溪

我们在小溪旁观察了一阵子,幼儿一边观察一边描述(沟通)着小溪的样貌:"两边高高的、中间低低的,这样可以装比较多的水。""两边高高的把水围起来了。""它后面转弯了。""旁边有草,里面有一些石头。"接着发现水流动的方向——"这些水都是从另外比较高的那一边流过来的""这边比较低,所以水就会往低低的地方流过来"。回到幼儿园后,幼儿把观察到的部分画下来,再通过小组讨论,交流彼此的观察内容。在画水道设计图时,幼儿觉得纸张太短了,无法画出像小溪般长长的感觉,便提出需要两张纸接在一起。幼儿在观察过小区的小溪后,便有了具体的想法,并能将想法绘制成设计图(图6-1-6)。

图6-1-6 观察小溪后的水道设计图

有了观察小溪的经验,引导幼儿想想如何"盖"水道。老师的引导用语换了一个动词,原先都是说"做"水道,而"盖"一词则是试图结合幼儿在积木区建构的旧经验,"可以用积木啊!"凯凯像发现新大陆般地说着。其他的幼儿也表示赞同,幼儿依着先前观察小溪的经验以及画出的设计图,在积木区筑起水道并加上一只大型塑料袋(图6-1-7)。

图6-1-7 在教室利用单位积木建构水道

由于在积木区建构时要用地垫,但是地垫的数量不足以铺设长长的水道;同时也有幼儿想到,如果水道里放了水之后,教室可能会被弄得湿答答的,老师提议换个位置。"那我们可以到走廊吗?"幼儿提出了新的想法,老师问:"想在走廊哪里盖水道?"我们一起到走廊观察地貌,选择一个适合的地方,既不在动线上又有宽阔的空间,选定位置后并绘制水道设计图,这样大家才知道水道建构的位置与方法,完成设计图(图6-1-8)后,第二天,便转移阵地到走廊建构水道。

图6-1-8　水道移至走廊的设计图

(三) 水道怎么做?Ⅱ——再度完成一个具挑战的任务

搭建水道的过程不如想象中的顺利,首先是铺设塑料袋,走廊风大时塑料袋会被风吹走,幼儿很快想到解决的办法——在外围边缘处再加上一圈单位积木压着塑料袋(图6-1-9);另一个问题是,为了能容纳所有的小船,水道的长度比在教室建构的水道长了两倍,凯凯提议:"把塑料袋粘成长长的形状就可以了。"老师问:"为什么你会想到要把塑料袋粘成长长的形状?"凯凯:"因为画设计图的时候,纸张太短我们就再去找一张纸粘起来。"幼儿再次将旧经验运用于新情境。因此,除了原本的大塑料袋之外,我们又找了数个小塑料袋,将其组合粘贴,但由于是数个塑料袋粘贴拼接而成的,在注入水之后,塑料袋与塑料袋之间的接缝处便出现了漏水现象(图6-1-10)。

图6-1-9 加上一圈单位积木压着塑料袋

图6-1-10 注入水后发现接缝处会漏水

老师观察幼儿的反应,当幼儿发现漏水时,虽然脸上流露出一丝丝失望的表情,但又立即寻找需要加强粘贴的地方,并且使用不同的粘贴工具(图6-1-11)。

图6-1-11 修补频频漏水的塑料袋

阿玮:"老师,你有黑黑的那种胶带吗?"

老师:"什么黑黑的胶带,你再说清楚一点。"

阿玮:"我看过我爸爸用一种黑黑的胶带粘东西,它好像比较黏,我觉得应该比透明胶带强,说不定用黑黑的胶带粘就不会漏水了。"

老师:"喔!我知道你说的是什么了!那叫绝缘胶带,教室里有,等一下老师拿来给你粘粘看。"

阿玮改用绝缘胶带修补的地方已经不会漏水了,但又发现新的漏水处,幼儿迅速地自动分工修补各个接缝处,以确保不会再漏水。修补的工作完成后,立刻放水试试看,幼儿仔细观察确定没有漏水后,便兴奋地拿着自己的小船准备下水,并且邀请之前也制作小船的另外一组幼儿一起进行小船比赛(图6-1-12)。历经了没有想法、频频漏水与不气馁的尝试后,建构水道的计划终于成功了!期待已久的小船马拉松比赛终于如愿进行,开心之余,幼儿以儿歌《小星星》的旋律改编成"做水道小船比赛歌",将建构水道的历程创编为一首在班上传唱一时的歌曲。

图6-1-12 小船下水啰!

五、课程实施结果与教学省思

（一）幼儿乐于投入课程，活用观察、比较、实验所知

从构思搭建水道到水道完成，再到小船得以顺利下水进行比赛的过程，从幼儿画水道设计图开始，接着开展水道的打造，并不断改良水道，也就是设计、制作、精进的循环历程，可见幼儿展现以探究为核心之工程历程行为。

从使用塑楞板到运用单位积木建构水道的过程中，幼儿比较不同素材的特性与建构的结构，例如："单位积木堆边边堆得高高的，放水之后不会像塑楞板一样变得平平的""单位积木拿来盖水道比较坚固"；幼儿能够将先前实验所得的结论，应用在新的情境中，例如："塑料袋防水，可以放在纸盒、积木里"。为了进行小船比赛，幼儿努力地尝试各种筑水道的方法，无论是建构本体的方法，还是粘贴素材，幼儿在不断尝试中找到相对适合的方法戓素材，并总是期待主题探究课程的到来！

（二）达成自制水道得以蓄水与容纳全班小船之目标

在设计时即确认此为改良另一小组的塑楞板水道，幼儿从自身的旧经验、实验中获知的知识以及生活情景的观察，逐步形成对于自制水道的想法，达到蓄水、全班的小船都能下水的目标，不过在观察小区小溪时，幼儿提及了有关水的流动，例如："这些水都是从另外比较高的那一边流过来的""这边比较低，所以水就会往低低的地方流过来"，如果能再延伸制作具有高低差的水道，就更能增添幼儿游戏的变化性。

（三）提供鹰架引导水道的构筑

教学过程当中，教学者透过鹰架引导幼儿思考与展开制作（表6-1-1），例如：以观察小区小溪结构的视觉经验类化至水道的设计，并以材料鹰架促发幼儿进行建构。整体教学可见幼儿在 STEAM 领域间来回穿梭（表6-1-2），包含幼儿在建构水道历程中运用科学程序能力，以及活用了毛细现象实验的观察——塑料袋防水与体验结构力学的概念——利用单位积木建构，并且应用了各项数学能力，以完成建构水道的任务，在幼儿构筑水道的工程历程中，教学者提供鹰架引导与运作着以评量为核心的"探究、鹰架、表征"循环历程。

表 6-1-1 "水道工程师"鹰架分析

水道工程师	鹰架策略
水道怎么做？Ⅰ	一、语文鹰架 （一）为什么塑楞板水道会坍塌？ （二）除了纸箱之外，想想可能还要加什么，水道才能玩得比较久。 二、同侪鹰架 另一组幼儿有制作水道失败的经验，借鉴为水道精进的基础。 三、回溯鹰架 以照片唤起幼儿先前的实验所知——"塑料袋能防水"应用在新情境。 四、材料鹰架 将旧经验所使用的材料，如纸盒、塑料袋等提供给幼儿制作水道。
探查小区的小溪	一、语文鹰架 （一）纸箱加塑料袋虽然可以成功，提出两个小纸箱组成的水道太小的问题，并引导幼儿思考要怎么样才可以同时有很多小船一起玩。 （二）注意看小溪是怎么样可以装好多好多的水，我们回去盖水道的时候，想想看要用什么方法才可以装好多的水。 二、同侪鹰架 有能力的小组同伴负责绘制水道设计图，促使小组幼儿能聚焦水道的建构方法与素材的准备。
水道怎么做？Ⅱ	一、语文鹰架 原来的大塑料袋不够了怎么办？如果没有塑料袋我们的水道要怎么才能装好多好多的水？ 二、材料鹰架 提供数个大塑料袋、绝缘胶带及引导幼儿运用单位积木。

表 6-1-2 "水道工程师"STEAM 要素分析

涉及领域	课程之 STEAM 要素分析
S(科学)	*体验毛细现象、浮力、结构力学 *运用科学程序能力(观察、预测、推论、沟通、实作、验证、比较等)
T(技术)	*使用计算机上网查找数据(水道、小溪样貌),绘画设计图 *运用搭建与制作技法:搬运、堆叠、封围、铺设、切割、粘贴、连接等 *运用人类智慧产物:纸箱、塑料袋、单位积木、透明胶带、绝缘胶带、美工刀等
E(工程)	*改良塑楞板水道制作纸箱水道,改良纸箱水道制作单位积木水道(室内、户外),过程中修正调整为可蓄水的水道
A(人文艺术)	*改编儿歌:"做水道小船比赛歌" *绘画设计图 *展现合作解决问题精神
M(数学)	*计数与估算:需用到的单位积木数量、塑料袋数量 *测量:水道整体的长、宽、高 *倍数:单位积木的使用,例如:四倍块积木用尽,可用两个双倍块积木继续完成建构 *容量:水道能容纳的小船数量

六、课程实施中的困难与解决策略

(一) 运用生活实景引导幼儿具体可行的建构想法

当塑楞板水道坍塌的那一刻,幼儿兴起要建构坚固耐用的水道之念头,然而利用拼接的纸盒加上塑料袋后,却发现水道太小了之后,幼儿所提出的想法都是游乐园、游泳池的滑水道……但对于如何建构滑水道却无法提出具体的方法及可能运用的素材。另外,以班级中素材搜集的现况而言,素材种类也较贫乏,为解决眼前的困难,也许带幼儿观察小区的小溪是可以一试的解决策略。所幸,前往一趟小区的小溪,在幼儿你一言我一句之下,可行的水道建构想法油然而生,小区即教室,便是解决此教学困境的最佳体现! 发挥了鹰架引导作用。这也说明课程离不开生活,是课程生活化的最佳写照。

（二）让每位幼儿在探究历程中找到自己的位置、发现自己独特的亮点

本主题课程实践期为本园推动课程转型之初期，多数幼儿仍习惯于过去较单向式、被动的接收讯息，鲜少有机会深入探究、表达或沟通想法，也因此在团体讨论或被邀请表达想法时，显得相当羞怯而没有信心，甚至会直接说："老师你不要问我啦！"或尽量回避教学者的眼神……使得教师在课程进行中难以搜集幼儿的想法。

为了累积幼儿表达的信心以及筑起自信的堡垒，大多时候教师以个别互动、私下对话的方式搜集幼儿的想法，并以赞美与鼓励的方式给予幼儿正向回馈；也从探究的过程中让幼儿有机会在团体中做自己擅长的事情，例如：善于绘画的幼儿，负责画实验记录图或设计图；善于指挥调度的幼儿，练习分派工作；善于认汉字的幼儿，尝试念读出各类文本。经过一段时间后，可以发现幼儿在探究、寻找答案的过程中，除了对学习感到兴趣、产生主动性之外，其自信心更是得到大幅提升，能勇于在团体中展现自己。

第二节 STEM 探究主题——
米粉达人"我的米粉工厂"课程纪实

本节旨在叙述在"米粉达人"主题情境脉络下的 STEM 探究课程"我的米粉工厂"的完整课程实施状况,含主题课程缘起、主题概念网络活动图、课程发展脉络、课程纪实、课程实施结果与教学省思、课程实施中的困难与解决策略,期望对现场教师有所启发。

> 米粉歌
> 做米粉,来工厂,欢迎光临,欢迎光临。
> 小朋友米粉工厂,终于开幕了!
> 磨米机呀和蒸箱,搅拌机和抡米片,
> 输送带呀送米团,送到压出机,
> 做好的米粉蒸一蒸,拿到外面晒一晒,
> 新竹的米粉,世界最好吃,赶快买一包。
>
> (取自:幼儿改编儿歌)

一、主题课程缘起

新竹独特的地形、气候条件,造就了远近驰名的新竹米粉,而这项传统文化产业已有百年历史,身为新竹当地的孩子们,更是肩负着延续与传承的使命。主题探究课程"米粉达人"从米粉的五感体验出发,通过感官认识米粉,孩子们对米粉形成初步认知,从而探究米粉是怎么做的、使用了哪些原料、使用了哪些工具;在小区考察、访问的过程中,搜集有关米粉料理的各种讯息,引发孩子对于米粉料理的兴趣;在饮食教育的体验与实践历程中,孩子们学习使用烹饪工具,设计、品尝及改良米粉料理,逐步建立正确的饮食概念,并从中了解、认同新竹传统文化产业,进而形塑认同与珍视当地文化之情怀。

二、主题概念网络活动图

主题探究课程备课阶段,老师们寻找米粉的相关资料,初步定调课程发展的方向、设计可能的活动,并且纳入幼儿的想法与兴趣,绘制主题概念网络活动图(图6-2-1)。图中以黑色小三角形标示出的就是幼儿颇感兴趣且富STEM要素的本节呈现重点——"我的米粉工厂"课程。

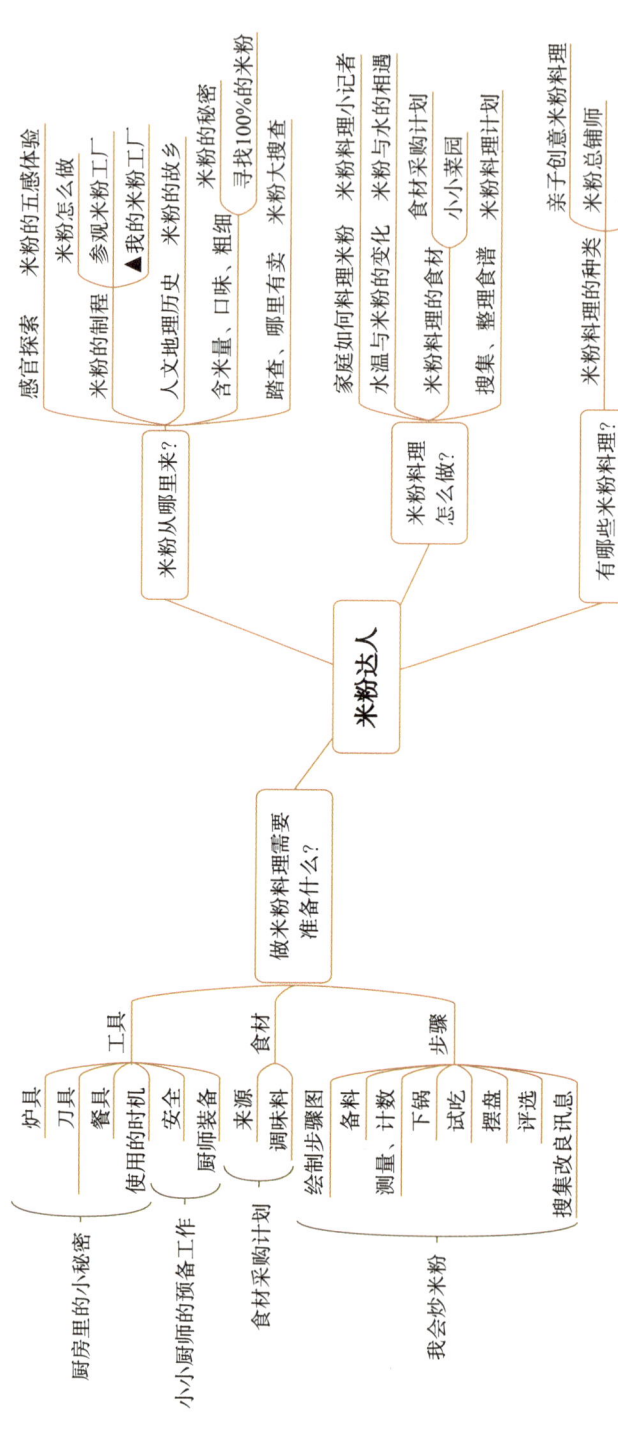

图6-2-1 "米粉达人"主题概念网络活动图

三、课程发展脉络

主题探究课程"米粉达人"进行为期一年又六个月(课程实施起讫期:2017年10月至2018年6月、2018年10月至2019年6月),其发展脉络源于主题概念网络活动图(图6-2-1),为使课程发展脉络更清晰,以图6-2-2呈现。由教师事先思考幼儿的旧经验、容易就地取材的元素与幼儿特别感兴趣的议题,依序为:竹堑米粉情、庄园米粉厂、米粉的盛宴,在师生共构的课程理念下,接续发展各教学活动。

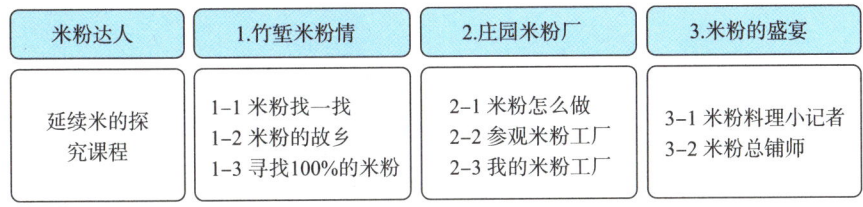

图6-2-2 "米粉达人"课程发展脉络图

四、课程纪实

通过上网查找数据以及实际参观米粉工厂,幼儿已经知道米粉是怎么做的,在一次讨论中,老师提到"现在我们知道米粉怎么做啰!可是只有我们知道好可惜喔!有没有办法也可以分享给别人知道呢?"幼儿说:"我们来盖一间米粉工厂,这样别人就可以来参观、认识米粉怎么做的了。"于是开启了米粉工厂制作之钥,并讨论米粉工厂该有些什么。下述以"我的米粉工厂"为例(课程实施起讫期:2017年11月至2018年6月):讨论筹办米粉工厂所需准备的事项和工作后,依幼儿兴趣分为四组——工厂招牌、小书、包装一组,米粉制作流程图海报、材料一组,机器两组,让幼儿选择想做的工作后,开始实施米粉工厂的开办计划。

(一)机器长什么样子?——练习搜集与比较讯息

在设计规划米粉工厂该有哪些机器时,幼儿在团体讨论的过程中,提出了几个问题,并通过小组讨论、"查找网络信息"、"画下所找到的数据"(图6-2-3)加以解决。

问题1:我们不清楚机器长什么样子,要怎么做机器呢?(注:幼儿所说的"不清楚",意指机器较细部的部分)

问题2:我们要怎么制作出米粉的机器呢?

解决的方法1:我们可以上网找寻数据,认识机器的样子和名字;可以将找到的机器图片打印下来,这样就不会忘记了。

解决的方法2:我们可以将想做的机器先设计画出来,再开始制作。

图6-2-3 带领幼儿上网搜寻各机器的详细资料并画下所搜寻的资料

(二)设计——绘制米粉工厂中各式机器的设计图

在经历过实地参观米粉工厂以及上网查找数据后,幼儿得知米粉工厂制作米粉的过程中需要用到六种机器,以及其在制作过程中的顺序与功能,幼儿画下机器的设计图,并试着列出可以使用的素材与制作步骤(记录),分别为:磨米机(图6-2-4)、抡米片(图6-2-5)、输送带(图6-2-6)、压出机(图6-2-7)、蒸箱(图6-2-8)、搅拌机(图6-2-9)。

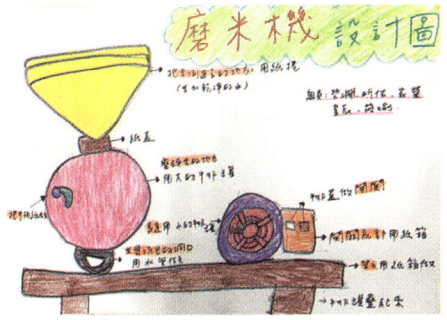

图 6-2-4 磨米机设计图

图 6-2-5 抢米片设计图

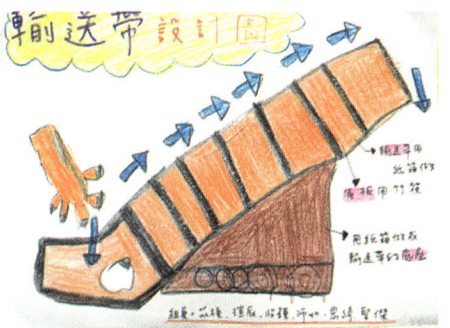

图 6-2-6 输送带设计图

图 6-2-7 压出机设计图

图 6-2-8 蒸箱设计图

图 6-2-9 搅拌机设计图

（三）制作——依设计图开展机器制作（以下举其中两个机器制作过程为例）

1. 磨米机制作过程

将米磨成米浆是磨米机在米粉制作过程中的功能，幼儿为了画出一个大小适中的圆形，要找出生活中最合适的物件作为描绘的工具（图6-2-10）；在制作磨米机的脚架时，几经比对最后找出四个相同高度的奶粉罐（图6-2-11），可见幼儿能考虑到结构平衡的问题；而磨米机有个精心的设计巧思——为了清洗机器，特地设置了一个开口（图6-2-12），幼儿认为这样才能保持机器的干净，做出既健康又卫生的米粉。

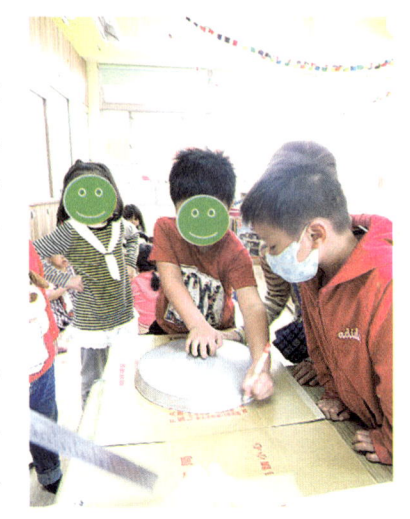

图6-2-10 利用电饭锅锅盖描绘出所需的大圆形

图6-2-11 比对相同高度的脚架素材

图6-2-12 磨米机设有一个开口

2. 抡米片制作过程

将米团压成米片的环节便是抡米片的工作了，而抡米片是应用了轮轴概念的机器，幼儿利用纸卷作为轴心，用蛋糕盒作为抡米片的机身（图6-2-13），其后固定须考虑到空间与固定方法（图6-2-14）。

图6-2-13 在轴心放置位置做记号

图6-2-14 试摆放抡米片,思考如何固定

(四)精进——分享后,依同伴及老师的建议修改设计图及成品

1. 以蒸箱精进历程为例

第一代蒸箱,幼儿运用单位积木建构(图6-2-15),然而,在一次学习区活动中,制作蒸箱组和在积木区进行单位积木建构的幼儿同时都需要使用单位积木,此时便发现"积木不够了",老师遂引导思考"很多人都要使用积木、积木堆得高很容易倒、蒸箱每次做好都要拆掉"等问题,通过讨论并决定选用不同的素材——纸箱制作蒸箱,使其便于保存。

幼儿想起了近期搜集的素材,如奶粉罐、咖啡罐、纸箱等等。制作过程中,幼儿运用单位积木为"测量"工具绘制所需的米粉架(图6-2-16),原本要作为支架配件的咖啡罐搜集不足,老师因而引导幼儿练习把纸箱卷成卷筒状,并将其剪开如同章鱼脚(图6-2-17),作为支撑米粉架的配件。第二代蒸箱完成后,幼儿历经"观察"与"推论"提出了"机器旁边有洞洞,热气会跑掉,米粉会不熟""没有门蒸汽会跑掉"的问题(图6-2-18),制作小组的成员再度修改设计图并使用了纸箱加装门片(图6-2-19、图6-2-20)。

图6-2-15 第一代单位积木蒸箱

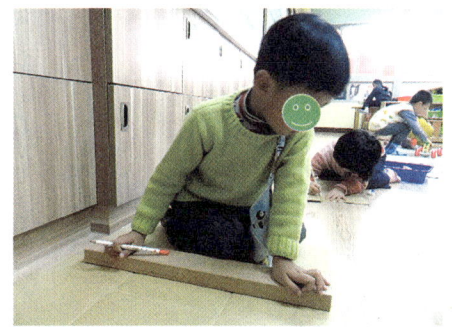
图6-2-16 运用单位积木量测绘制米粉架（蒸箱配件）

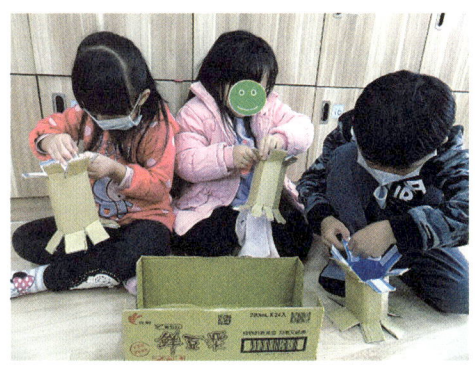
图6-2-17 制作蒸箱内的米粉架(支撑配件)

图6-2-18 第二代蒸箱蒸汽会逸散

图6-2-19 第三代蒸箱设计图、幼儿更换了制作材料

图 6-2-20　第三代蒸箱展示与讨论

第三代蒸箱展示后,幼儿提出蒸箱层数太少,不像米粉工厂看到的蒸箱那样,于是进而再度修改设计图(图 6-2-21),开展第四代蒸箱的制作。而第四代蒸箱精进的部分包含增加层架、改良层架的制作方式,在老师的引导下,幼儿尝试运用非标准及标准测量工具进行制作(图 6-2-22、图 6-2-23),并在反复微调下,确认米粉架的大小是否合宜(图 6-2-24)。

图 6-2-21　第四代蒸箱设计图　　图 6-2-22　用尺量量蒸箱的深度以制作支撑架与米粉架

图6-2-23 将已裁好的纸条作为绘制支撑层架的工具

图6-2-24 试试改良后的米粉架是否能放入蒸箱

从第一代精进到第四代蒸箱(图6-2-25、图6-2-26、图6-2-27、图6-2-28),其中的改良包含使用的素材不同(单位积木/纸箱、咖啡罐/自制层架支架)以及层架取出自如(咖啡罐/自制层架支架),并且加上了密实的机身与门片,解决了大家很在意的蒸气会逸散以及层架太少的问题。

图6-2-25 第一代蒸箱

图6-2-26 第二代蒸箱

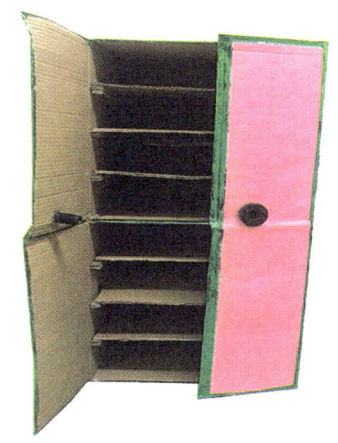

图6-2-27　第三代蒸箱　　　　　图6-2-28　第四代蒸箱

（五）米粉工厂机器——幼儿作品

幼儿经历了很长一段时间探究米粉工厂的各个制作过程所需之机器，运用各式媒材表征其所知（图6-2-29、图6-2-30、图6-2-31、图6-2-32、图6-2-33、图6-2-34），并能以口语说明（沟通）每个机器的功能、设计中的特别之处，以及制作机器精进的原因与方法。

图6-2-29　幼儿作品——磨米机　　　图6-2-30　幼儿作品——搅拌机

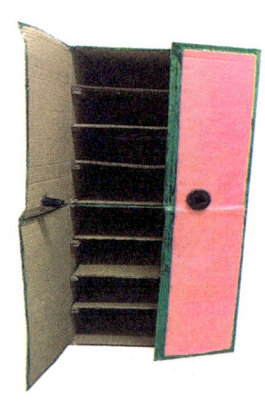 

图6-2-31 幼儿作品——蒸箱　　图6-2-32 幼儿作品——抢米片

图6-2-33 幼儿作品——第一代压出机(左)、第二代压出机(右)

图6-2-34 幼儿作品——第一代输送带(左)、第二代输送带(右)

五、课程实施结果与教学省思

(一) 幼儿善于运用生活物件进行制作并逐步精进作品

幼儿经历了从无到有的完整制作过程,展现以探究为核心之工程历程行为,内心是非常有成就感的,特别是从想不到可以怎么做,到灵光乍现,那是幼儿感到相当兴奋的一刻!在设计时,通过搜集讯息与整理讯息的过程,应用"观察""推论"的能力,绘制出每一个机器的设计图以及设想制作素材;制作阶段除了验证想法之外,幼儿能善用各种生活素材进行制作,例如:利用锅盖描绘出所需要的机身、利用单位积木描绘出米粉架、利用长条形纸箱描绘出支撑层架、利用回收的流理台脚架作为把手……幼儿以其敏锐的观察力,找出合适的生活材料;在精进阶段,幼儿通过讨论、沟通彼此对于各个米粉工厂机器的想法,不仅能依建议重新设计与制作,亦再检视之前所搜集到的数据或再重新利用网络查找数据,即使在学期即将结束的课程尾声,仍能提出很棒的改良想法。例如:"磨米机的脚架如果可以调整高度会更好,因为小孩比较矮,大人比较高,操作磨米机的时候需要站在椅子上或者弯下腰,这样太辛苦了!"令人相当惊艳的是,提出此想法的四岁幼儿除了能比较成人与幼儿身高的差异之外,甚至能展现换位思考的能力!

(二) 时间与经验催化着米粉工厂机器的精进

在全班共同合作努力之下,讨论发表与设计、制作、精进不断来回的工程活动,终于完成所有的米粉机器。由于课程横跨了上、下两学期,共经历了将近八个月,原本在上学期制作完成了机器,到了下学期因为幼儿经验的累积、发展的成熟以及接触到不同的制作技术,幼儿又兴起了改良的念头,若非学年即将画上句点,也许还有许多接续精进作品的机会呢!

(三) 适时地搭构鹰架能协助幼儿进行探究与表征

"我的米粉工厂"课程进行时,教学者依着幼儿的探究情形提供鹰架引导(表6-2-1),运作着以评量为核心的"探究、鹰架、表征"的循环历程,且可观察到幼儿在教学者的鹰架引导下,STEAM各领域交织于其中(表6-2-2)。而每进行到一个段落,会集结各个小组讨论与分享目前的进度,搭配参观米粉工厂的照片以及早先所搜集到的米粉制作过程(回溯鹰架),再度检视了米粉制作流程中会使用到的每一样机器,并试着在教室摆放与操作。部分机器已完成,在经过讨论、分享后,则需要进入优化、改良的阶段,教学者在这个阶段则以语文鹰架引导幼儿依据同伴或教学者的建议思考改良的方向,或以示范鹰架让幼儿得以有观察、比较的机会,以促发不同的想法。材料的预备是"我的米粉工厂"教学过程中很重要的鹰架,在制作的过程中,我们发现幼儿会逐步追求拟真、仿真,并从茫茫素材中找到最合适的那一个,幼儿绘制的设计图便是制作过程中的架构鹰架,这引导幼儿能够学习依步骤、依顺序制作;工作历程中虽是依幼儿兴趣选组,但教学者仍需巧妙地安排同侪鹰架于小组中,使得小组运作顺畅!

然而示范与示范鹰架有不同的意义,在教学过程中,有时因教学者未能掌握探究焦点,或一时心急,往往会以"代劳"的方式求快求好,实则是剥夺了幼儿探究学习的机会,例如:在制作机器的过程中,涉及科学原理时,教学经验较不足的教学者往往不能将抽象的概念转换成幼儿能理解的语汇,却以直接操作省略让幼儿探究或经验尝试错误的历程,实为低估幼儿的能力,甚为可惜!教学者应在备课阶段先行思考具体的引导方法与搭构合宜的鹰架,并放下对于课程进度的焦急与求成心切的心情,让幼儿有充裕的时间在动手做与测试中不断来回。

表6-2-1 "我的米粉工厂"鹰架分析

我的米粉工厂	鹰架策略
机器长什么样子？ ——练习搜集与比较讯息	语文鹰架 与幼儿一起上网查找制作米粉的机器相关数据、记录其内容，并比对在参观米粉工厂时所观察到的机器之异同。
设计 ——画下米粉工厂中各式机器的设计图	一、回溯鹰架 观看先前参观米粉工厂时的照片，便于绘制米粉机器的设计图。 二、语文鹰架 在设计图中记录机器的细部功能、使用材料或制作方法。
制作 ——依设计图展开机器制作	一、材料鹰架 提供各式制作米粉工厂机器的素材，如大型纸箱卷粘、滚动条、奶粉罐、咖啡罐、蛋糕盒、大型矿泉水瓶、各式盖子。 二、架构鹰架 依设计图与制作方法展开机器制作。 三、同侪鹰架 在进行制作的过程中，让能力较好的幼儿成为小组的领导者或示范者。
精进 ——分享后，依同伴及老师的建议修改设计图及成品	一、示范鹰架 （一）老师示范如何介绍机器及对制作小组提问。 （二）进行机器改良时，示范同伴或老师所提出的建议，提供制作小组观察与比较不同的方法或材料所产生的改变。 二、同侪鹰架 在小组发表分享机器时，提出制作改良具体方法。 三、语文鹰架 记录同伴或老师提出的问题或建议，以引导幼儿进行改良。 四、材料鹰架 提供机器改良的各式素材。 五、回溯鹰架 展示各项米粉机器设计、制作、精进历程海报。

表 6-2-2 "我的米粉工厂"STEAM 要素分析

涉及领域	课程之 STEAM 要素分析
S(科学)	*体验平衡结构、轮轴原理 *运用科学程序能力(观察、预测、推论、沟通、实作、验证、比较等)
T(技术)	*使用计算机搜寻数据(米粉制程影片、米粉工厂各项机器细部),绘画设计图 *运用搭建与制作技法:堆叠、交错、卷、切割、挖洞、粘贴、连接等 *运用人类智慧产物:单位积木、纸箱、咖啡罐、奶粉罐、卷轴、锅盖、尺、热熔枪、剪刀、美工刀等
E(工程)	*设计各项米粉机器,依设计图进行实际操作,各款机器经过分享、团体讨论与提问后,依讨论与建议进行修正调整
A(人文艺术)	*米粉机器的外观整体造型、色彩、比例 *改编儿歌《米粉歌》 *绘画设计图
M(数学)	*计算与估算:制作各个米粉机器会使用到的素材数量 *空间:各个米粉机器零件的配置 *测量:使用非标准及标准测量工具,例如:运用纸板测量长宽一致的米粉层架(非标准测量工具)、练习使用尺测量蒸箱深度以确认层架的深度是否正确(标准测量工具)

六、课程实施中的困难与解决策略

(一) 不同阶段的教学者之教学能力各异

在课程实践的班级里,有处于求生期、强化期、求新期与成熟期各不同阶段的教学者,便意味着在课程实践的过程中会迸发出许多不同的火花。特别是求生阶段的教学者,尚在摸索班级经营、协同教学、亲师沟通等等,其教学技巧自然不如成熟阶段的教学者。米粉工厂机器制作的目标,往往以"带领幼儿完成作品即可",而未能带领幼儿扎实地经历设计、制作、精进之历程,例如:制作物仅以标示文字一言以蔽之代表某一机器。因此,在备课阶段需有相当充分的对话、讨论,协同教学需达到某种程度以上的共识,互相支持与配合;教学过程中需确认是否达到教学意图,并在对话与省思后调整下一次的教学。基于以幼儿为主体的教学理念,求生期的教学者需抱持着虚心学习调整教学引导技巧;成熟期的教学者,则需不吝于分享、传授甚至能示范教学引导技巧,在教学相长中彼此激励与成长。

(二) 米粉工厂实际运作、开放时间与教学需求之出入

因课程发展,需要再次前往米粉工厂,并且希望能实际看到完整的制作过程,却未能有店家能满足我们的教学需求,因为如果仍遵循传统制作过程的米粉工厂,往往需在天未亮时早起工作,才能让米粉吹着新竹独有的九降风与日光浴。但课程不能因此而中断,折衷之道便是带领幼儿搜寻网络影片、照片,辅以唯一一次的参观记录,使幼儿利行探究与表征。

第三节　STEM 探究主题——
薰衣草的工作室"水通过的摩天轮"课程纪实

本节旨在叙述在"薰衣草的工作室"主题情境脉络下的 STEM 探究课程"水通过的摩天轮"的完整课程实施状况,含主题课程缘起、主题概念网络活动图、课程发展脉络、课程纪实、课程实施结果与教学省思、课程实施中的困难与解决策略,期望对现场教师有所裨益。

> 我们做东西做失败了没关系,
> 我们一起来想想看还有什么其他的办法,
> 对啊！我们一直试、一直试……一定会成功！
>
> （来自:幼儿对话）

一、主题课程缘起

图画书——《小布修东西》(蔡晓雯译,2001)的故事情节中,小布和奴奴开了一间修东西的店,取名为"奴奴的工作室",薰衣草班的幼儿便萌生了开一间"薰衣草的工作室"的想法,目标是将小布和奴奴没修好的各种物品做成好玩的或有趣的东西,并且是能够放在户外游戏场,让大家都能玩的！通过故事情节的引导,促发幼儿想象力与创造力,将生活中常见的物体赋予新生命。

二、主题概念网络活动图

课程进行前的备课阶段,老师们通过图画书引导,以《小布修东西》故事内容中"有哪些东西待修"为问题发展课程;在备课阶段与主题展开初期,老师初步绘制主题概念网络活动图,并借由团体讨论、发表想法,纳入幼儿兴趣与想法,确立网络活动图,作为课程发展的预备以及参考方向

（图6-3-1）。其后参考幼儿对主题的先备经验、兴趣与能力，更加确认幼儿探究的明显兴趣焦点在脚踏车的轮圈改装——制作"水通过的摩天轮"（以黑色三角形标示于图6-3-1主题概念网络活动图上）；再由老师进一步探究这个挑战问题的内涵并绘制探究网络图（图6-3-2），这是因为这几年实施STEM探究主题课程的经验表明，老师对课程主题的探究是相当重要的，让老师在带领幼儿展开探究之前，能有周延的准备以及对探究焦点的了解，以利于提供给幼儿探究的舞台，并发展师生共构的探究课程。

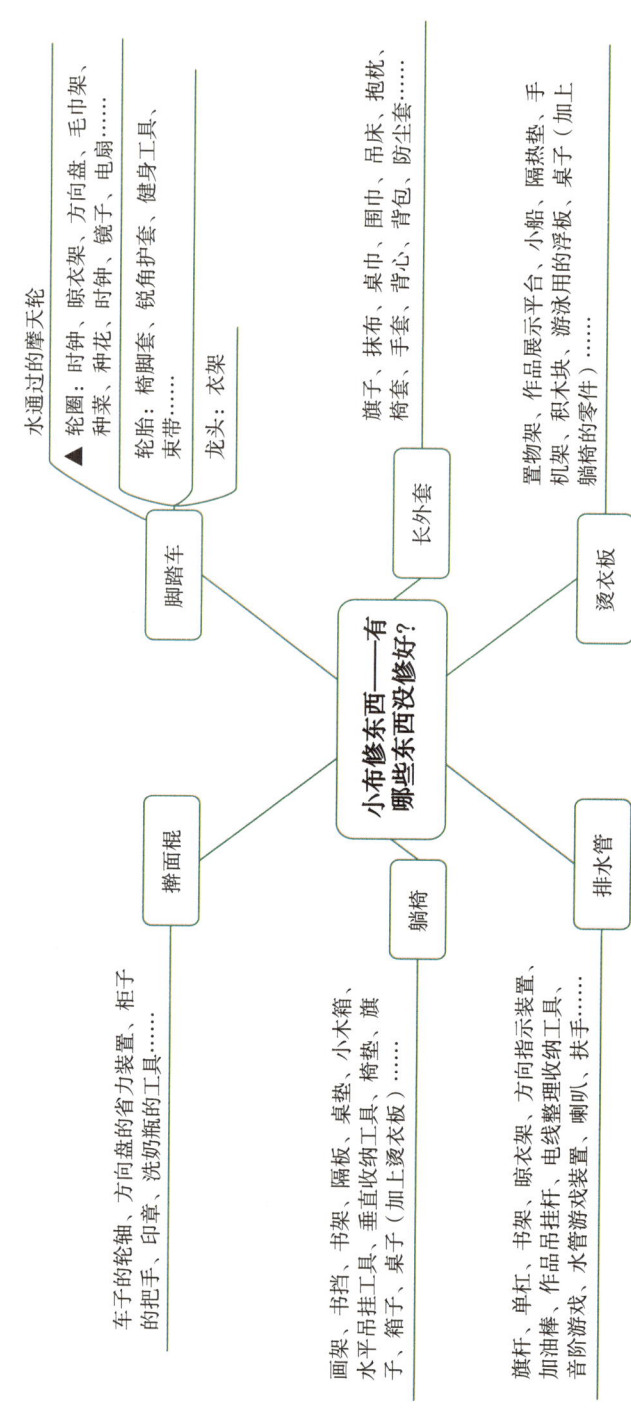

图6-3-1 "薰衣草的工作室"主题概念网络活动图

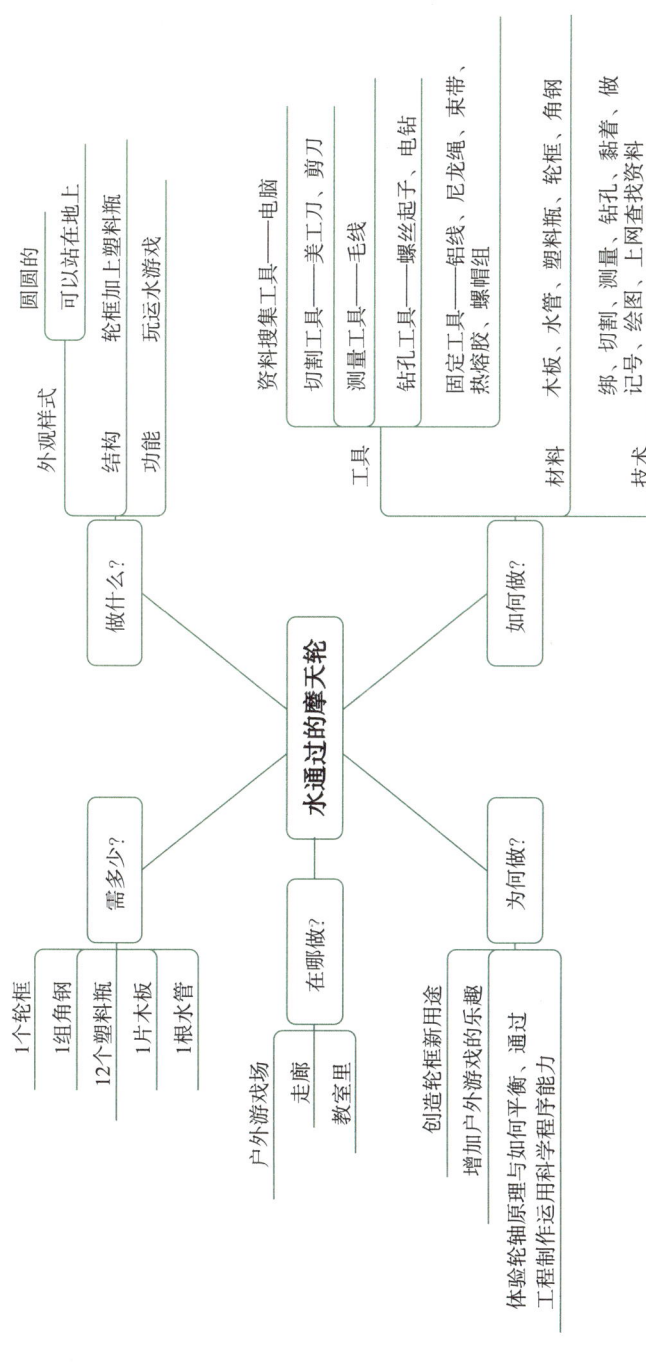

图 6-3-2 "水通过的摩天轮"教师的探究问题网络图

三、课程发展脉络

主题探究课程"薰衣草的工作室"进行为期四个月（课程实施起迄期：2019年9月中旬至2020年1月初，其后预计进行至2020年6月），课程发展脉络来自主题概念网络活动图（图6-3-1）与探究网络图（图6-3-2），为使课程发展脉络更清晰，以图6-3-3呈现，由教师事先思考幼儿的旧经验、容易就地取材的元素与幼儿特别感兴趣的议题，依序为：水通过的摩天轮、游戏场变身，在师生共构的课程理念下，接续发展各教学活动。

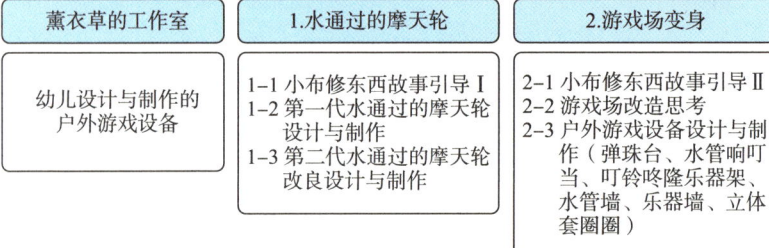

图6-3-3 "薰衣草的工作室"课程发展脉络图

四、课程纪实

听完《小布修东西》的故事后，和幼儿讨论故事情节中出现的物品，包含长大衣、水管、脚踏车、烫衣板、擀面棍，除了奴奴做出的东西外，这些东西还能做出什么呢？幼儿初步的想法提到了有关"水管"可以再制的物品，通过"网络查找数据"，发现幼儿对于"水风车"相当有兴趣，通过图片引导水风车的各个结构以及玩法，幼儿决定这个作品要取名为"水通过的摩天轮"。下述以"水通过的摩天轮"之"第一代水通过的摩天轮"与"第二代水通过的摩天轮"为例（课程实施起迄期：2019年9月下旬至2019年11月中旬）。

（一）第一代水通过的摩天轮

1. 小组成员共同绘制"水通过的摩天轮"制作步骤图及思考需准备的素材

通过网络搜寻数据，幼儿找出兴趣焦点——老师引导幼儿分析"水通过的摩天轮"需要准备的素材,包括:塑料瓶、水管、脚踏车轮框、大脸盆、木板……并逐步讨论制作步骤,并动手绘制步骤海报(图6-3-4)。

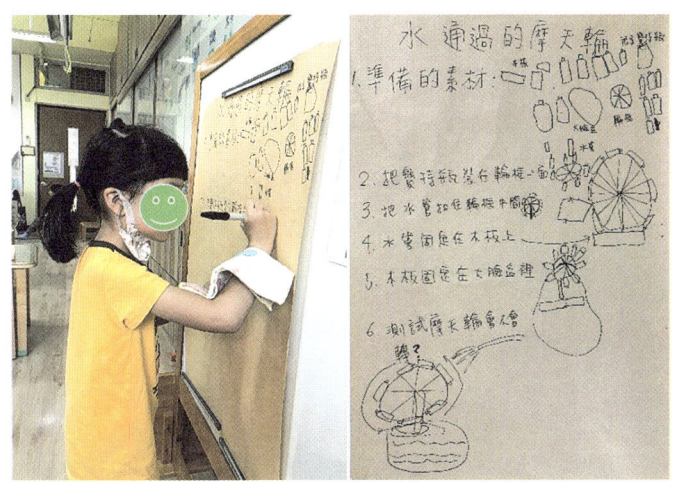

图6-3-4　绘制制作步骤图及需要准备的素材

2. 没有脚踏车轮框怎么办？

> 问题(1):没有脚踏车轮框怎么办?
>
> 在收集素材时,发现轮框收集不易,但轮框是水通过的摩天轮的重要结构,没有轮框要如何进行制作呢？引导幼儿思考就平日生活中常见的、容易收集的素材进行思考,可以替代轮框的物品是什么。
>
> 小静、晨晨:用钢丝绕成一个圈。
>
> 小如:用软的水管做。
>
> 星星:用坏掉的圆形时钟。
>
> 宁宁:铁的、圆形的饼干盖子。
>
> ❖ 小组决议——用软水管代替轮框,因为它比较像轮框。

由于部分素材尚未搜集完成,因而决定先使用软水管代替尚未搜集到的轮框。在幼儿依步骤图展开制作的过程中,要将软水管弯折成轮框外形时,幼儿认为胶水是最适合的粘合材料,尝试了多次后(图6-3-5),才发现事实上胶水是无法黏合水管的,老师引导幼儿想想看美劳区还有什么适合的黏合材料,幼儿尝试改用透明胶带(图6-3-6)完成此任务。

 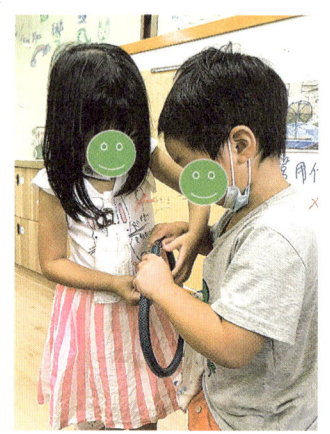

图6-3-5　使用胶水黏合水管　　　　图6-3-6　合作使用胶带黏合水管

3. 尝试组合塑料瓶

"观察"水风车的图片,幼儿发现所使用的塑料瓶都一样大;因此,必须要挑选外观(大小、形状)相同的塑料瓶,且塑料瓶的瓶口要朝向一致的方向,幼儿依此展开组合(图6-3-7)。

图6-3-7　利用胶带将塑料瓶固定在水管四周以固定塑料瓶

4. 做出的成品和图片不一样

摩天轮完成后,老师引导幼儿"观察"及"比较"水风车的图片和自己做的成品(图6-3-8),以口语"沟通"发现……

> 问题(2):我们做的和图片上的不一样!
> 宁宁:塑料瓶的底部没有翘起来,头要扣住才可以。
> 星星:我们排成的是正方形,不是圆形。
> ❖ 小组决议——再做一次。

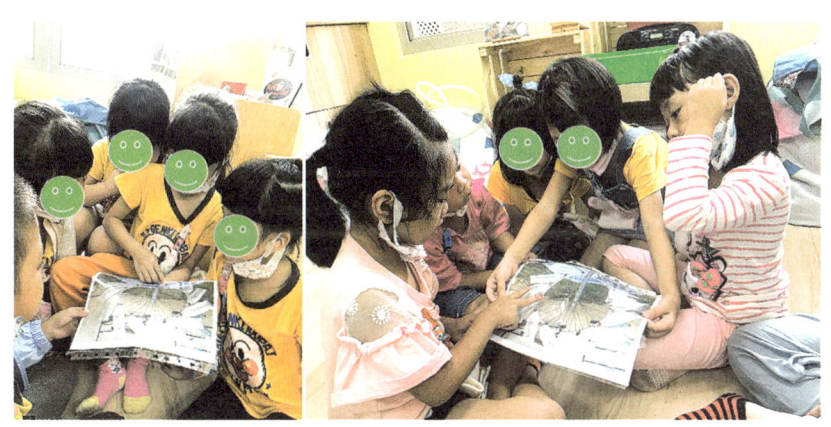

图6-3-8 仔细观察水风车的图片,并比较自制的与图片的差异

幼儿在仔细"观察"图片后,发现①塑料瓶的瓶口是固定在轮轴的周围,②塑料瓶的底部朝上,③整体的排列有方向性。幼儿试着模仿图片中的排列方式,以及摆放位置后,下一个难题便是——有哪些方法可以将塑料瓶的瓶口固定在水管的周围?

5. 将塑料瓶的瓶口固定在水管周围的方法

幼儿通过讨论固定的方法,包含了使用橡皮筋(图6-3-9)、胶带加铝线(图6-3-10)、毛线(图6-3-11)、尼龙绳(图6-3-12)、铝线(图6-3-13)、扣环(图6-3-14)、胶带(图6-3-15),共六种固定的方法

(图6-3-16)。

> 问题(3):如何固定塑料瓶与水管?
> 小嬘、乐乐、真真:用橡皮筋固定。
> 星星:胶带加铝线,用橡皮筋会断掉。
> 祐祐、小如、晨晨:用铝线固定。
> 小荞:用绳子。
> 宁宁:用毛线固定。
> 小文:用胶带。
> 小静:用扣环。
> ❖小组决议——都试试看,看看哪个最适合。
> ☞尝试后发现——通过"摇晃测试",发现"胶带加铝线"的方式固定是最紧的,不容易松脱。

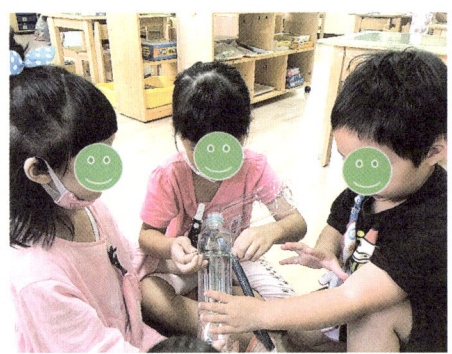

图6-3-9 利用橡皮筋固定法

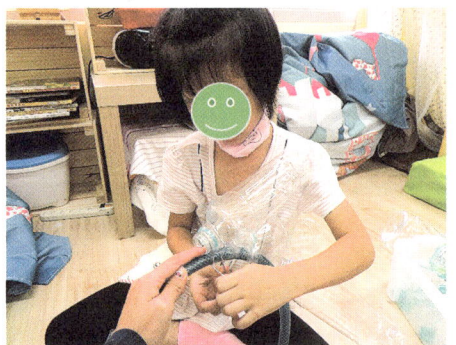

图6-3-10 利用胶带加铝线固定

图6-3-11 利用毛线固定

图6-3-12 利用尼龙绳固定

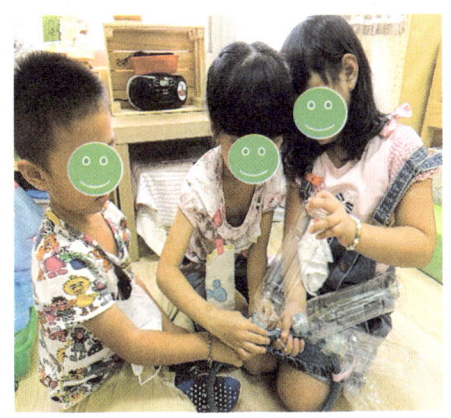

图6-3-13 利用铝线固定

图6-3-14 利用扣环固定

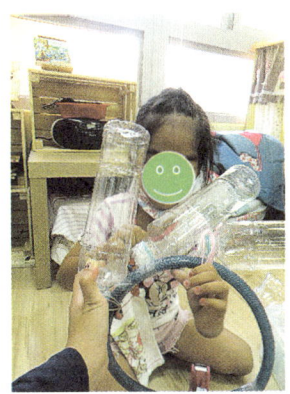

图6-3-15 利用胶带固定

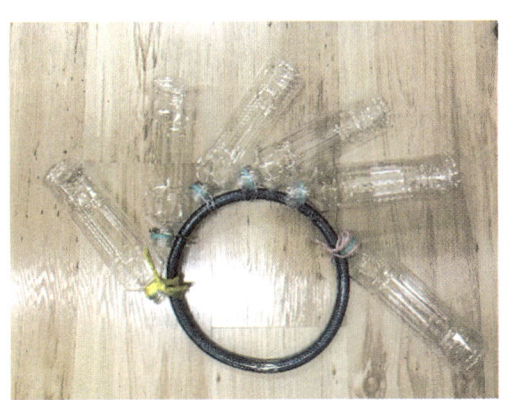

图6-3-16 六种不同的固定方法

6. 画记、割、剪塑料瓶

由于图片中的塑料瓶是没有底部的,因此需要把底部割开,幼儿提出可以在塑料瓶的瓶身先画线做记号,部分小组成员帮忙做记号(图6-3-17),部分小组成员帮忙在记号处使用工具割或剪(图6-3-18)。

图6-3-17 在塑料瓶上做记号　　图6-3-18 练习使用切割工具

7. 固定塑料瓶与制作轮辐

决定好塑料瓶的固定方式以及完成塑料瓶切割后,再分为"塑料瓶组"以及"轮辐组",两组分工完成摩天轮的主体,分别负责将瓶子固定在水管上以及制作轮辐。塑料瓶组的幼儿练习操作钳子剪断铝线(图6-3-19),以缠绕胶带与铝线的方法固定塑料瓶(图6-3-20);轮辐组幼儿练习目测所需要的铝线长度,并剪下缠绕在水管四周(图6-3-21)。

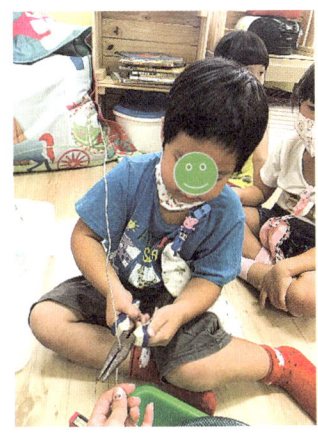
图6-3-19 练习使用钳子剪铝线

图6-3-20 合作固定塑料瓶

图6-3-21 目测适宜长度铝线后剪下,做出轮辐之放射状

8. 固定杆与轴的诞生

摩天轮主体完成之后,下一个任务——"固定杆"要使用什么素材呢?幼儿提出了利用水管,并以刚学会的"缠绕"胶带的技巧尝试固定。但试了三种不同的固定位置,包含了水管的周围、轮辐的中心点、将轮辐的中心点制造出一个洞穿过去(图6-3-22),摩天轮却无法顺利旋转。

图6-3-22 将固定杆分别固定在水管周围、轮辐中心点,将轮辐中心点制造出一个洞

> 问题(4):摩天轮为什么不会旋转?
>
> 将固定杆固定于轮辐,但摩天轮无法旋转,幼儿观察后认为是固定位置的问题,遂更换了几个不同的固定点,但摩天轮仍然无法转动……教师拿出"风车",请幼儿观察风车外型,并用手拨动风车的叶片,引导幼儿观察转动时哪里会动哪里不会动,比较与想想看,风车和现在正在做的摩天轮有什么相同的地方,如此才能让摩天轮像风车一样能够旋转,幼儿终于发现,原来是固定杆不能直接固定在摩天轮的主体。

幼儿常玩的风车与摩天轮的结构有异曲同工之妙,教师引导幼儿仔细观察,便发现固定杆与摩天轮主体之间必须还要有一个连接物品——"轴",而制作轴要使用什么素材呢?刚好教室里淘汰了一批已没有水的彩色笔,恰巧其形体、大小都相当符合幼儿要制作轴的需求,教师建议可以尝试使用彩色笔,幼儿遂将三枝彩色笔捆成一把,将捆成一把的彩色笔当作轴心,固定在当作固定杆的水管上(图6-3-23)。

图6-3-23 以胶带再加毛线固定彩色笔(轴)与水管(固定杆)

9. 固定杆与底座的结合

固定杆完成后的任务是将其固定在底座上。幼儿的组合建构游戏经验让他们知道,要在底座挖一个洞,固定杆就能插在底座的洞上,然而该用什么样的技术去挖出一个洞呢?

幼儿先在木板(底座)上做记号(图6-3-24),确认要挖洞的位置以及洞的大小,尝试使用了几种工具进行挖洞,包含了剪刀(图6-3-25)、笔(图6-3-26)、锤子(图6-3-27),但都无法顺利挖出一个能将固定杆放入的洞。

图6-3-24 在木板上画挖洞位置的记号　　图6-3-25 使用剪刀挖洞

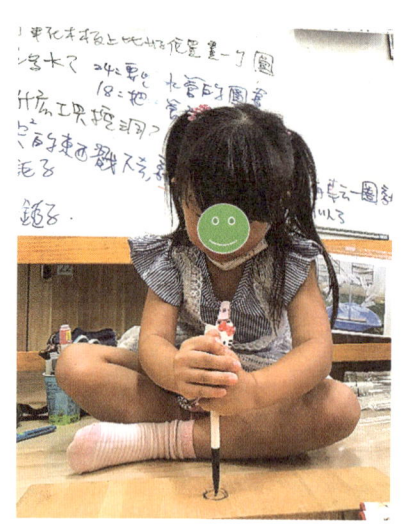
图 6-3-26 使用笔挖洞

图 6-3-27 使用锤子挖洞

数种挖洞的方法都不成功,老师建议"上网找资料",搜寻到可以尝试利用电动工具——电钻(图 6-3-28),将底座挖出一个洞之后,由于幼儿经常观察老师运用热熔枪固定肥皂架,于是固定杆与底座的黏合方法也让幼儿练习操作热熔枪(图 6-3-29)。

图 6-3-28 利用电钻挖出一个洞

图 6-3-29 运用热熔枪黏合固定杆与底座

10. 改良倾斜的轴心与最后组装及测试

固定杆与底座结合之际，幼儿观察到固定杆和轴心都有倾斜的情形，于是带着半成品"请教"幼儿园里经常协助维修的老师，关于倾斜的问题该如何解决。老师便建议，将先前的胶带拆掉，使用热熔枪把轴心再重新固定一次，并在轴心前后分别加上一片挡板，且加强底座（图6-3-30），最后将所有的配件进行组装（图6-3-31）。完成组装后的重头戏，便是将水通过的摩天轮带到户外"测试"（图6-3-32），看看其是否能顺利地通过水带动摩天轮旋转。

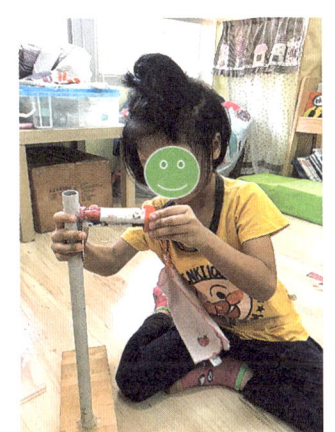 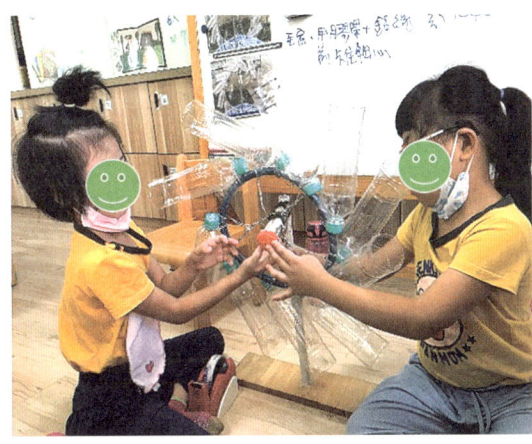

图6-3-30　依循老师的建议重新固定，在轴的下方加木片、中心点加上瓶盖，用以改善倾斜与脱落

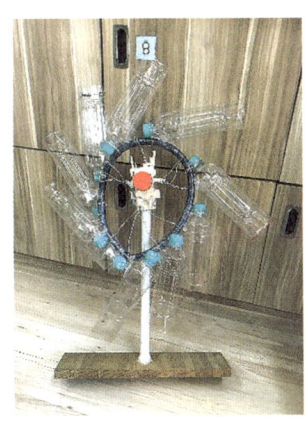 

图6-3-31　完成品　　　　图6-3-32　测试水通过的摩天轮是否能转动

幼儿的观察与对测试结果推测：

1. 摩天轮可以转半圈，但是之后就会卡住。
2. 放水之后，摩天轮一直往后倒。
3. 固定杆与摩天轮会卡住。
4. 摩天轮会往后倒可能是一边塑料瓶多、另一边塑料瓶少。

（二）第二代水通过的摩天轮

由于水通过的摩天轮在测试时无法连续转动，幼儿遂萌发了再做一次的想法，"第二代水通过的摩天轮"便应运而生啰！幼儿毫不气馁地再次仔细观察先前的图片，并且在老师的引导下，试图再次检视材料以及思考是否调整制作的步骤，展开制作"第二代水通过的摩天轮"之计划。

1. 绘制"第二代水通过的摩天轮"制作步骤图

第二代的制作规划，希望能更像图片中的各式素材，幼儿带着先前在网络上找到的水风车照片，"请教"总务处的事务组长荣祥叔叔各个零件的正确名称（注：事务组长负责维护整个学校的所有设施设备，幼儿经常看到事务组长拿着各种工具修缮物品，因而认为请教荣祥叔叔便能确认水风车的各个零件名称）。幼儿得知第二代的制作零件需准备：脚踏车轮框、角钢、木板、螺丝、束带等材料。幼儿再度依着确认后的材料以及讨论第一次做失败可能的原因，画下步骤图（图6-3-33）。

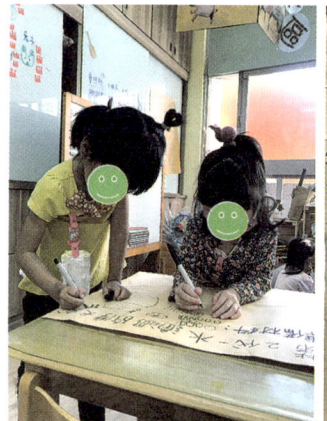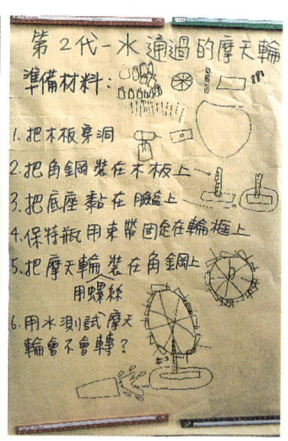

图6-3-33　依讨论的结果绘制制作步骤图

2. 出发到小区的脚踏车店及"小北百货"采买材料

制作第一代水通过的摩天轮，因为一直未能搜集到脚踏车轮框而改以自制轮框进行制作,但幼儿认为第二代必须要用脚踏车轮框,也不能再用胶带固定塑料瓶——要改用束带,因而到邻近商家采买。在说明来意后,脚踏车店的老板娘免费提供废弃的脚踏车轮框(图6-3-34),也顺利在"小北百货"买到束带(图6-3-35)。

图6-3-34 获得免费轮框　　　图6-3-35 买到合适的束带

3. 制作与组合摩天轮本体

切割塑料瓶及将其固定在轮框周围的工作,幼儿已相当熟练,但却忘了第一代检讨时提到要改善"一边塑料瓶多、另一边塑料瓶少"的问题,只好将已用束带固定好的塑料瓶拆卸下来,再重新固定一次,并在轮框上做好记号,且以"对称"的方式固定塑料瓶,以达平衡(图6-3-36)。

图6-3-36 先在轮框上做好记号,利用束带将塑料瓶固定在轮框周围

4. 义工爸爸如及时雨般地协助

在这次的素材中，角钢的部分真的难倒了我们，所幸，邻班幼儿的爸爸得知我们的困境后，恰好手边有工作中剩余的材料（注：该家长从事建筑材料业），热心赞助了不易搜集的零件，如：尺寸合宜的螺帽组、铁件，另精心制作了简报为幼儿说明各种材料以及工具，并且带领幼儿体验工序以及电动工具的操作（图6-3-37）。义工爸爸专业而精辟的解说、示范、一对一指导操作，为幼儿补充了新知识与扩展了新经验。

图6-3-37 通过投影介绍所运用的工具，以及尝试体验各式的制作工具

5. 完工测试以及作品美化

义工爸爸协助我们完成摩天轮各个零件的组装，徒手旋转过程相当顺利，第二代水通过的摩天轮已不会倾倒、卡住、能够一直旋转，接着便要将水注入塑料瓶中（图6-3-38），测试注入水后是否仍能顺利旋转。果然，如同幼儿所预测，因替换成如我们在网络上所找的图片之材料，所以第二代水通过的摩天轮注入水能够带动旋转！最后，再给幼儿一个小挑战：怎么能让这个作品变得更美呢？幼儿提出彩绘底座以及在透明的塑料瓶里放入全班的照片（图6-3-39），让每个人都能在第二代水通过的摩天轮里尽情旋转。

图 6-3-38 带着作品到户外进行测试,结果能够通过水带动旋转——成功!

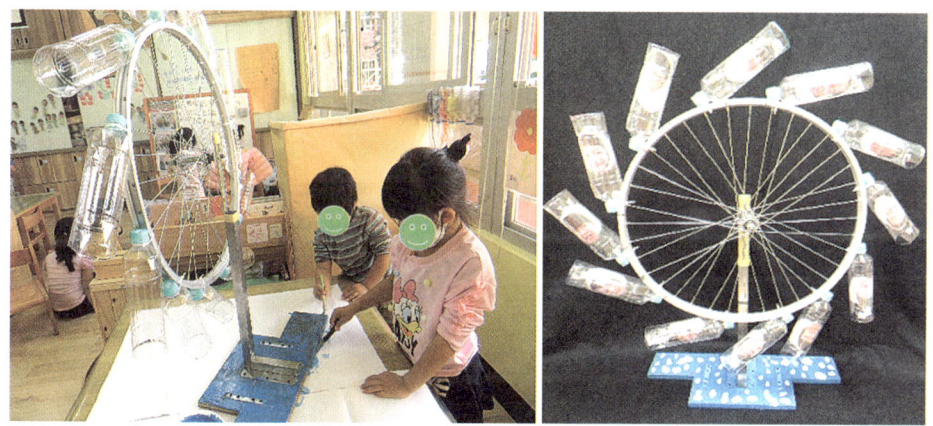

图 6-3-39 彩绘底座、剪下全班小朋友的照片装入塑料瓶,第二代水通过的摩天轮完成啰!

　　为使幼儿能更清楚第一代水通过的摩天轮与第二代水通过的摩天轮之差异,在老师的提问引导以及对实物作品的"观察"下,幼儿试着回忆与"比较"两者在花费、材料、使用的技术、外观与测试结果之不同,发现幼儿能够具体地说出在制作过程中所经历的许多细节(表 6-3-1),如更换不同的材料、各种不同的制作技术等等,有趣的是,虽然第一代无法顺利转动,但幼儿还是很喜欢这辛苦完成、但旋转会卡住的作品,并"推论"第二代成功的原因是换成了比较坚固的材料,例如:脚踏车轮框、束带等等。

表 6-3-1　幼儿比较第一代与第二代水通过的摩天轮

	第一代水通过的摩天轮	第二代水通过的摩天轮
花费	0元	60元
材料	彩色笔+筷子+木片组装成为轴	使用回收的脚踏车轮框
	软水管做轮框、铝线做轮辐	
	硬水管作为固定杆	角钢作为固定杆
	胶带、铝线、毛线作为固定材料	束带作为固定材料
使用的技术	固定塑料瓶，没有测量距离	固定塑料瓶，有测量距离、做记号
	使用胶带（粘）和铝线（绕）固定塑料瓶	使用束带（绕、穿）固定塑料瓶
	使用热熔胶（粘）组合底座和固定杆	使用螺丝（钻孔）组合底座与固定杆
外观	比较小	比较大
	塑料瓶比较少、歪歪的	塑料瓶比较多、平平的
	底座、塑料瓶没有装饰	底座涂色、塑料瓶加上小朋友照片
测试的结果	注入水后会卡住、倾倒	注入水后可以一直旋转

数据源：整理自幼儿讨论记录。

五、课程实施结果与教学省思

（一）幼儿展现敏锐观察力、合作共构力与问题解决力

《小布修东西》中奴奴的工作室，促发幼儿也想如同小布与奴奴一般进行修理、创造的工作，老师带领幼儿在"网络上查找数据"，发现幼儿的兴趣焦点并鼓励幼儿动手制作"水通过的摩天轮"，幼儿展现以探究为核心之工程历程行为，绘制水通过的摩天轮设计图、展开制作并在"试玩"后改良，精进至第二代。第一代水通过的摩天轮制作期间，由于素材搜集速度较慢，老师请幼儿思考脚踏车轮框的替代品，遂有了制作轮框的经验，利用铝线及软水管仿作轮框，幼儿努力地想尽办法利用身边的各式素材表征所看到的"轴"（没水的彩色笔），虽然"测试"后发现运转并不顺利，但幼儿仍想再挑

战一次看看,并展现出敏锐的观察力,注意"观察"图片中各种材料的细节,以及观察图片与第一次的自制作品之相异处,并检讨材料与制作步骤,旋即展开第二次设计、制作、组装;而在第二代水通过的摩天轮问题讨论与制作过程中,幼儿已能在老师的少量协助下开展对话与制作,若有疑问,能主动提出自己的观察、推测、讨论可能的解决办法,并与他人合作。为解决"将塑料瓶的瓶口固定在水管的方法"时,幼儿除了想出工具之外,同时也可以想出不同的固定策略,以及和同伴设法合作完成,例如:一人帮忙拿着、另一人固定;擅长绑的幼儿负责绑、擅长粘的幼儿负责粘。问题解决力与同伴合作力在不同的活动中,得到反复练习与体验。

(二) 卡卡的第一代进化到顺利旋转的第二代

第一代水通过的摩天轮的制作经验,成了第二代的基石,原本注入水旋转半圈即卡住、倾斜的情形,在第二代水通过的摩天轮已不复见,这一阶段的玩法是幼儿拿着水管,将水注入塑料瓶中。接下来的挑战便是如何进行"引水接水"的玩法,让这座水通过的摩天轮可以在户外游戏场现身,提供全园幼儿户外游戏的不同体验。另外,倘若能让幼儿再次体验制作脚踏车轮框的替代品,幼儿便能更清楚理解轮辐的结构原理,以及轮轴的应用概念。

(三) 鹰架搭构与 STEAM 诸领域之密密交织

在幼儿制作水通过的摩天轮之工程历程中,教学者提供鹰架引导(如表6-3-2)与运作着以评量为核心的"探究、鹰架、表征"之循环历程,以协助幼儿展开思考、设计、制作与精进,例如:与幼儿一起查找数据、提问讨论、记录幼儿所提出的想法等等是语文鹰架,用以帮助幼儿聚焦探究焦点、思考问题与找出答案;制作过程中示范如何使用切割工具、电动工具、运用各种固定的技巧等等是示范鹰架,用以协助幼儿能获得更进一步的制作技巧,以顺利完成制作;在教室展示制作步骤图与制作历程照片是回溯鹰架,用以营造主题气氛,使幼儿更加投入于主题探究活动中。此外从教学内涵中得知,STEAM 诸领域交织于其中(表6-3-3)。

在语文鹰架的搭构方面,教学者的教育性对话应多以开放性的促使幼儿扩散性思考的问句提问,而非以封闭性的"是不是""对不对"作为提问,此外也可将幼儿的提问以及提出的可能的解决办法,书写在海报上,以供幼儿有明确的视觉焦点,从而帮助其讨论、思考与记录。

表 6-3-2 水通过的摩天轮鹰架分析

水通过的摩天轮	鹰架策略
第一代 水通过的摩天轮	一、语文鹰架 (一) 与幼儿一起上网查找幼儿感兴趣的"水风车""摩天轮"图片或结构数据。 (二) 提出问题——没有脚踏车轮框的可能替代物品;并将幼儿提出的想法记录下来。 二、回溯鹰架 (一) 将幼儿绘制的制作步骤图展示在墙面。 (二) 展示制作历程照片。 三、材料鹰架 与家长共同搜集水通过的摩天轮可运用的素材,如各式塑料瓶、软水管、硬水管、木板、胶带、毛线、铝线……提供幼儿最合适的素材。 四、架构鹰架 依设计图与制作方法开展水通过的摩天轮之制作。 五、同侪鹰架 在进行制作的过程中,让能力较好的幼儿成为小组的领导者或示范者。 六、示范鹰架 (一) 示范工具使用,例如:美工刀、电钻等。 (二) 示范技巧应用,例如:绑、绕、做记号、切割、剪等。
第二代 水通过的摩天轮	一、语文鹰架 (一) 引导幼儿说明第二代的改良重点(包含材料以及步骤)。 (二) 引导幼儿比较第一代与第二代的异处,并记录。 二、回溯鹰架 (一) 展示第一代及第二代的制作步骤图。 (二) 展示第一代及第二代的制作历程照片。 三、材料鹰架 再次搜集接近图片的各式素材。 四、架构鹰架 依第二代的设计图与制作方法开展水通过的摩天轮之制作。 五、同侪鹰架 在进行制作的过程中,让能力较好的幼儿成为小组的领导者或示范者。 六、示范鹰架 (一) 示范工具使用,例如:电钻。 (二) 示范技巧应用,例如:在角钢做记号、使用束带等。

表 6-3-3 "水通过的摩天轮"STEAM 要素分析

涉及领域	课程之 STEAM 要素分析
S(科学)	*体验平衡、轮轴原理、结构力学 *运用科学程序能力(观察、预测、推论、沟通、实作、验证、比较等)
T(技术)	*使用计算机上网查找数据、绘画设计图 *运用制作技法:剪、绑、缠绕、切割、穿洞、挖洞、组合、粘接、钻孔等 *运用人类智慧产物:脚踏车轮框、硬水管、软水管、角钢、铁件、螺帽、塑料瓶、铝线、毛线、束带、扣环、胶带、热熔枪、电钻、锤子、剪刀、美工刀等
E(工程)	*设计水通过的摩天轮、实际制作水通过的摩天轮,过程中修正调整为注入水后能带动旋转的摩天轮(前后两代制作物)
A(人文艺术)	*呈现水通过的摩天轮的整体外观造型、色彩、比例等 *绘画设计图 *将照片塞入瓶内富有人文意义 *合作制作与解决问题
M(数学)	*计算与估算:制作水通过的摩天轮会使用到的各零部件的数量 *测量:使用非标准测量工具确认切割的位置 *空间:塑料瓶的位置安排、脚踏车轮框与底座的相对位置

六、课程实施中的困难与解决策略

(一) 教学者对于科学领域的害怕与对于 STEM 教育的陌生

诸多国内外的研究显示,多数的幼儿园教师对于科学领域敬而远之,更遑论对于 STEM 教育的理解与投入,追根究底,其原因不外乎为自认科学知识较为薄弱,致使科学教学信心低落。在此情境中,教学者自然无法优游于课程与教学!通过共同备课,回到课程教学的本质——探究,并讨论单一教学活动宜聚焦之焦点,提供教学引导的各种具体策略,借由课程实践之实例汲取成功经验,以逐渐累积、强化对于 STEM 教育的概念,鼓舞教学者的教学信心。

(二) 教学过程中,"渔"与"鱼"的抉择

常言道:"授人以鱼,不如授人以渔。"此话虽是老生常谈,但在教学实践的历程中,教学者经常习惯给"鱼"！当幼儿提出问题时,直接给答案或是请幼儿询问其他成人；当幼儿遇到困难时,直接协助排除,更有甚者在幼儿遇到困难之前就已为其"排除万难"！在"渔"与"鱼"之间摆荡的教学者,必须有意识地提高教学过程中与幼儿的互动质量,搭班老师亦须从旁提点,凡幼儿通过问话、不经思考而得知的结论或答案,促使其成为知识的消费者；倘能通过查阅书籍、搜寻网络数据、或通过动手操弄验证想法(推论)而得知的第一手数据,幼儿不仅能学会信息获取的途径,也能学习如何学习,其后最终的目的是——幼儿不仅能得到鱼,还能自制与使用钓竿钓到鱼！

第四节　幼儿 STEM 探究活动纪实

为鼓励新手 STEM 教师由较易上手的 STEM 探究活动开始试行,本节针对第五章第一节三个主题脉络下的六个 STEM 探究活动——"如何制作舞龙?""古老轿子大创作!""我会做安全围网!""如何搭建绳索小屋?""我是机器人!""如何制作卷轴故事架?"说明其实施状况与结果,含幼儿的反应与教师的鹰架引导,以供有意尝试 STEM 教育者参考。

一、如何制作舞龙?

本 STEM 探究活动大体上按照原教案进行,主教者先与幼儿聊及新年舞龙的节日生活经验,借着园里举办新年庆祝活动,引起制作兴趣;接着引导幼儿运用平板电脑搜寻舞龙影片与图片;然后出示材料,请幼儿思考如何制作龙身、龙头并设法使其腾空舞动。其后制作时,几乎无须教师太多的引导,幼儿在彼此沟通想法后,自行解决撑杆在龙身上形成尖秃点且无法腾空稳定地舞动的问题;最后装饰成完整的龙并快乐地舞动(图 6-2-1a~f)。

整体而言,幼儿显现浓厚兴趣、专注投入并充满想法,例如虽然一开始幼儿提到的是舞狮,后来看到平板电脑所搜寻出的舞龙照片时,即能发表:"龙的身体很长!""下面的人举着长长的棍子耶!"对于制作时对于撑竿在龙身上形成尖秃点且无法平稳地腾空移动的问题,幼儿也很有想法并能解决问题(将于下叙述)。最后对装饰龙头显现极大兴趣:"老师我要剪长长的触须,还有头上要有触角。""我要做大大的嘴巴!"基本上,幼儿探究、解决问题,完成龙身有些短但可舞动的龙,也体验了简单力学与舞龙时的动态平衡感,大体上达成活动设计目标。

图6-2-1a 如何制作舞龙?

图6-2-1b 如何制作舞龙?

图6-2-1c 如何制作舞龙?

图6-2-1d 如何制作舞龙?

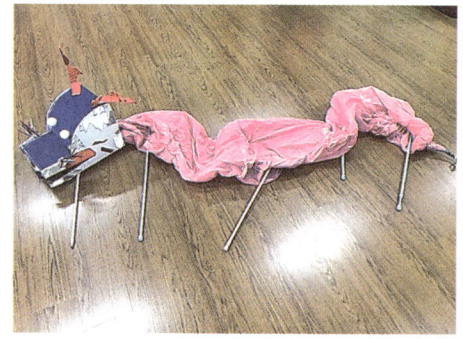
图6-2-1e 如何制作舞龙?

图6-2-1f 如何制作舞龙?

(一)幼儿的反应——展现以探究为核心之工程历程行为

幼儿在本活动历程中展现以探究为核心的工程行为,诸如:一开始幼儿在主教者引导下一起用平板电脑"搜寻数据",即能"观察"出舞龙的外观特征及通过杆子舞动的机制,在最后装饰龙头时,还能通过持续"观察"做出触须与触角,显示其观察入微;而当主教者把准备的材料拿出,请幼儿思考如何运用现有材料制作舞龙时,幼儿即能[设想]:"我觉得垃圾袋可以当身体!"又于[制作]阶段时,能"比较"出自己的作品与图片间的差异,即举起杆子时龙的身体有尖凸点且舞动效果不佳;虽然幼儿很有想法,但彼此"推想"不同,修正意见不一,在"沟通"后大家决定将纸箱一面切成片状戳入及粘置于杆顶撑起龙身,结果"验证"幼儿想法可行,共同解决问题并[优化]了舞龙制作物。值得一提的是,在组装完成时,幼儿发现头部少安装了一根杆子,"推想"龙身都有杆子,龙头也同样需要杆子,才能撑起整条龙使其舞动,终于[改进]让龙真正舞动起来,也"验证"其推想是正确的。综观整个制作过程,幼儿运用探究力,在制作时历经几次的精进阶段,终于能开心地舞动着舞龙制作物。

(二)老师的教学——提供鹰架引导以助幼儿解决问题

当幼儿在工程过程中展现以探究为核心的工程行为时,主教者则在旁搭构合宜的鹰架,以助幼儿解决问题。例如以"语文鹰架"提问引导幼儿思考:当观看平板电脑搜寻的舞龙影片与图片后,主教者随即拿出材料并请幼儿思考如何运用现有材料制作舞龙,引发幼儿说"我觉得垃圾袋可以当身体!";其实以平板电脑搜寻数据,就具"材料鹰架"作用,让幼儿对舞龙制作物更有概念与想法,也可以说是一种"架构鹰架",指引了整个制作的方向。老师先确认幼儿知道舞龙的各部位组成后,并以龙身、龙头、连接成龙,撑杆撑起龙身的顺序一一引导幼儿投入制作与思考,这也具有"架构鹰架"之效,使幼儿能依序地聚焦于现阶段任务。

"语文鹰架"引导幼儿思考之例,如:老师询问幼儿,刚刚看到的图片上,撑杆举起时龙的身体有尖凸点吗?可以顺利地舞动整条龙吗?要怎么解决这个问题?幼儿纷纷发言,有幼儿说:"老师,纸箱可以戳洞吗?我想把杆子穿进纸箱里。"似乎解决了问题。但老师接着引导说:"可是纸箱那么大,会把龙的身体撑得很大耶?"另一幼儿就说:"我们可以把纸箱剪小一点!"即做成"丁"字状的撑杆。主教者又问,要怎么让撑杆固定于龙的身上。有孩子回答:"可以用胶带粘!""我们也可以剪洞穿进去!"然后即以行动验证其想法。可见小组活动的安排与语文鹰架的提问引导,也会自然地搭起"同侪鹰架"效果,让幼儿间彼此沟通与激发。

综言之,在整个工程历程中幼儿以行动探究并表征想法于制作上,主教者则不断观察幼儿的表现并顺势搭建合宜的鹰架,以助幼儿通过合作解决问题并精进制作物,可以说显现以评量为核心的"探究、鹰架、表征"之循环历程。

二、古老轿子大创作!

本 STEM 探究活动大体上按照原教案进行,先与幼儿聊及《老鼠娶新娘》绘本阅读经验,并以制作扮演游戏可玩的轿子,引起创作动机;接着引导幼儿一起搜寻平板电脑中的轿子图片;在幼儿绘画设计图后,主教者出示材料,请幼儿思考材料可以怎么运用以制作可平稳乘坐的轿子。其后制作时进行顺利,幼儿解决杆子戳入纸箱轿体后一端下垂的问题,最后装饰成喜气洋洋的娶亲轿子(图 6-2-2a~f)。

图 6-2-2a 古老轿子大创作!

图 6-2-2b 古老轿子大创作!

图6-2-2c 古老轿子大创作!

图6-2-2d 古老轿子大创作!

图6-2-2e 古老轿子大创作!

图6-2-2f 古老轿子大创作!

  整体而言,幼儿专注投入于创作情境中,也很有想法,例如一开始幼儿就能仔细观察平板电脑所搜寻图片,并画出轿子的完整结构——轿身、抬杆、座位、门与窗。在解决杆子一端下垂问题时,幼儿直接以行动测试想法并解决问题;老师提醒要将轿子装饰成喜气的样子时,幼儿主动地在轿体四周贴上双面胶,拿出红海报纸比对轿身长、宽并做记号,然后在地面上折线裁剪。限于时间,窗户没有完成,座位则由主教者置入一小纸箱代替,但不失为可以平稳抬动的喜气轿子。基本上,幼儿探究、解决问题,完成主要的平衡稳固结构的制作物,大体上达成活动设计目标。

(一) 幼儿的反应——展现以探究为核心之工程历程行为

幼儿于本活动历程中展现以探究为核心的工程行为,诸如:一开始幼儿在主教者引导下用平板电脑"搜寻数据",幼儿即能详细"观察"并绘画完整结构的设计图,为制作先行暖身[设计]。在[制作]过程中,幼儿专注于解决问题,且非常有想法。如应幼儿要求,老师先把纸箱戳一个小洞后,幼儿则主动地将剪刀两个把手撑开,将洞继续戳大让抬杆可以穿过纸箱;而在两根杆子都穿过纸箱后,孩子就用尺量两根杆子裸露在纸箱外的长度是否一致;接着看到杆子一端垂下,幼儿很自然地拿起铁丝在抬杆一端缠绕,并由纸箱外延伸到抬杆另一端缠绕,使抬杆固定于轿体;幼儿还进入轿体"查看"抬杆与轿体连接得是否牢固。最后的制作成品还与设计图"比较"异同。可以说整个制作过程中,幼儿运用了"观察""推论""预测""验证""沟通""比较"等探究能力,以[精进]制作物,让轿子可以平衡稳固地四处抬动。

(二) 老师的教学——提供鹰架引导以助幼儿解决问题

当幼儿在工程过程中展现以探究为核心的工程行为时,主教者则在旁搭构合宜的鹰架,以助幼儿解决问题,尤其是以"语文鹰架"提问引导幼儿思考。一开始老师问:"轿子长得怎么样?外面有什么东西?里面有什么呢?要怎么做?"继而引导幼儿搜寻平板电脑请其仔细观察轿子的结构组成,之后幼儿的画就很清晰地含有轿子的各个结构部分,而清楚知道制作目标的结构组成对于活动的成功是很有帮助的,这也是所谓的"架构鹰架"。其实以平板电脑搜寻数据也发挥了"材料鹰架"效果,让幼儿对制作物更有清晰认识与想法。接着老师又问:"要怎么将抬杆连接在纸箱(轿体)上,让轿子可以抬起来?"引发幼儿发言:"可以将纸箱戳洞!把杆子戳到里面。"当主教者帮忙在纸箱上戳洞时,幼儿用剪刀扩大洞口以方便插入抬杆。

以"语文鹰架"引导幼儿思考之例在制作阶段很常见,例如:"若要坐在轿子里面的人不会头晕晃动,那抬杆要怎么安装在轿体上?"的提问引发幼儿拿尺测量裸落于箱外的两根抬杆长度是否一致。又如提问："要如何将抬杆和纸箱（轿体）固定呢？"幼儿即用铁丝缠绕杆子并延伸于箱外缠绕在杆子另一端之法。小组活动的安排、语文鹰架的激发与幼儿的各种表征其实也发挥了"同侪鹰架"之效，让幼儿间可以相互激发与沟通。其后老师又引导："新娘子很害羞，不想被其他人看到喔！"于是幼儿以粉红色垃圾袋制作成轿子的门帘。

综言之，幼儿在整个工程制作历程中以行动探究并表征想法于制作上，主教者则不断观察幼儿的表现并从中搭建合宜的鹰架，以助幼儿合作地解决问题并改良制作物，可以说呈现以评量为核心的"探究、鹰架、表征"循环历程。

三、我会做安全围网！

本 STEM 探究活动大致上按照原教案进行，先引起动机——如何解决生活中楼梯扶杆支柱缝隙太大的问题，让幼儿思考各种方式；接着出示材料，请幼儿思考如何运用粗尼龙绳解决问题。过程中解决绳索在扶杆支柱间仍有大洞与滑动无法固定的问题，最后完成较具防护作用的安全围网（图 6-2-3a~f）。与教案不同之处在于，老师手中的平板电脑突然死机，于是教师自己做了一个安全围网，提供示范鹰架让幼儿观察、比较与其作品有何不同，并作为改进优化的参照。

整体而言，幼儿能抓住问题重点，积极参与改善制作物，例如当老师提出楼梯扶杆支柱太大怎么办时，孩子即能思考并回应说："小心地走、牵着大人走、用布盖住。"又当老师提出今天只有绳子要怎么办时，幼儿回应说："绕来绕去、打结。"在制作围网过程中，幼儿探究、试图解决问题，终于用尼龙绳完成比原先更具有规律性且较密地围绕并在支柱上打结固定的围网，大体上达成活动设计目标。

图6-2-3a 我会做安全围网!

图6-2-3b 我会做安全围网!

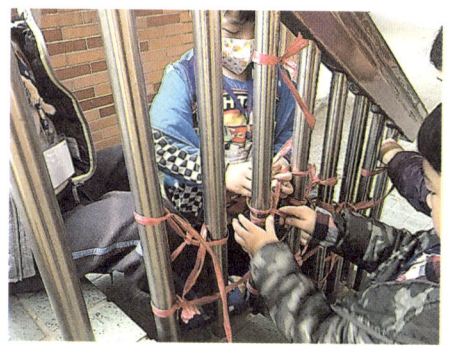
图6-2-3c 我会做安全围网!

图6-2-3d 我会做安全围网!

图6-2-3e 我会做安全围网!

图6-2-3f 我会做安全围网!

（一）幼儿的反应——展现以探究为核心之工程历程

一开始虽未画设计图，但当老师提及有限材料要怎么办、怎么做时，幼儿以口语提出绕来绕去"围网"的初步想法，这无疑是制作前的构思[设计]。幼儿初始[制作]都是横着绕圈圈、没有规律性地围绕，且未在栏杆上打结（虽然有幼儿说绕来绕去、打结），有一组有在支柱外打结，但还是无法产生固定作用。在"观察"并"比较"别组与自己做的有何异同时，幼儿"推论"并回应说："小朋友还是会掉下去！""不安全！""他的是乱绑的！（因为看起来有很大的洞）"而当老师因平板电脑死机自己做了一个样本请幼儿"观察"并"比较"后，幼儿说："这个好好哦，我都不会这样绑耶！"其后幼儿试做时，老师再度提醒如何让扶杆支柱上的洞小一些，幼儿"沟通"心得："在中间（支柱）再打结。""拆开重新再绕过。"并且显现出一些规律性的围绕动作，表示幼儿已经"比较"并领悟出老师与自己作品有何不同，并正在[精进]改良中，以"验证"自己的领悟"推想"。最后幼儿欣赏自己的作品成果"下结论"说："有绑之后就安全了。"

（二）老师的教学——提供鹰架引导以助幼儿解决问题

当幼儿在工程过程中展现以探究为核心的工程行为时，主教者则在旁搭构合宜的鹰架，以助幼儿解决问题，尤其是以"语文鹰架"提问引导幼儿思考，例如引起动机时说："行政楼楼梯的扶杆支柱的缝隙有点大……一不小心可能就会掉下去，要怎么办呢？"引发幼儿开放思考。接着主教者出示粗尼龙绳说："今天我们只有绳子该怎么办？绳子要怎么做才能防止幼幼班弟弟妹妹们掉下去？"引发幼儿提出围绕、打结的想法。又当主教者观察幼儿围绕扶杆支柱的样式都是横向绕圈圈且没有规律性时，就要求幼儿观察、比较："看一下别人是怎么围的？跟你的有什么一样或不一样的地方？"幼儿发现洞还是很大，小朋友还是会掉下去，不安全，这无异也发挥了"同侪鹰架"效果，从检视别人作品中也看出自己的问题。

以"语文鹰架"提问引导幼儿思考之例，如："我看到有很大的洞，要怎么样才能不让小朋友掉下去？""你们的绳子碰一下就移动了位置，这样安全吗？为什么绳子会一直移动？要怎么样绳子才会固定不动？"其后平板电脑死机时，老师就当场示范做出一个安全围网，让幼儿观察与比较，这就是"示范鹰架",目的在于让幼儿运用科学程序能力去发现教师制作的与自己制作的有何不同,推想可能是怎么做的,以作为幼儿改善自己作品的参照。其实它也具"架构鹰架"之效,指引了幼儿接续的行动方向。

综言之,在幼儿探究、表征的整个工程过程中,反映主教者持续观察幼儿表现的事实,并不时地以鹰架引导、协助其解决问题及优化制作物,教师显现以评量为核心的"探究、鹰架、表征"循环历程。

四、如何搭建绳索小屋?

本 STEM 探究活动大致上按照原教案进行,先引起搭建户外小屋的动机——帮幼幼班的弟弟妹妹们搭小屋,接着出示材料,请幼儿思考如何运用竹竿搭建小屋外形,如何制作小屋的墙壁。过程中解决小屋无法稳固站立、绳索滑动与结构不平衡的问题,最后搭建成可入内游憩的绳索小屋(图 6-2-4a~f)。与教案稍微不同处是结绑三根交叉竹竿的顶端,对幼儿来说较有困难,花费较多时间;而在幼儿将竹竿插入泥土后,并未发生需重新等距插入的不平衡现象,而是在围绕绳子时因围绕太紧与力度不均致结构变化,才发生不平衡。虽然最后的小屋样貌还是有些微倾斜,但是在幼儿努力解决问题下,还是稳固地倚树结绑而立且具有小屋的外貌,可进入游戏。

整体而言,幼儿很投入、很有目标,也很开心地完成小屋并进入小屋游戏,且急待跟同学、弟弟妹妹分享。例如老师出示三根竹竿与尼龙绳时问:"三根竹竿要怎么摆放才能变成屋子的样子,有屋子的形状?"幼儿就说:"做三角形的,交叉地绑,绕圈圈去绑。"并且真的比划出三角鼎立状,只不过结绑顶端时花较多时间,但终能在推理思考后解决问题。又当老师问及屋子的组成结构与如何做时,幼儿能清楚回应:"门、墙壁、屋顶""用绳子做墙壁,有一面不要围,做门"。虽然制作的小屋"墙壁"密度较低,有空隙,幼儿自己也觉察到了这一问题,但是还要围绕很久,因此期待下次再改进。在搭建小屋过程中,幼儿探究、解决问题,体验三角鼎立平衡稳固结构,完成简单的小屋制作物,大体上达成活动设计目标。

图 6-2-4a　如何搭建绳索小屋？

图 6-2-4b　如何搭建绳索小屋？

图 6-2-4d　如何搭建绳索小屋？

图 6-2-4c　如何搭建绳索小屋？

图 6-2-4e　如何搭建绳索小屋？

图 6-2-4f　如何搭建绳索小屋？

（二）幼儿的反应——展现以探究为核心之工程历程

幼儿在过程中一直很投入，一开始就能[设想]出做三角形的房子（三角鼎立状），且用绳子做墙壁、一面不围当门的想法。在实际[制作]时勇于思考、探究，如绑定三根竹竿使之成三角鼎立状失败时，不断"推想"原因并以行动"验证"想法，试图解决问题，如站在鞋柜上增高试绑、先放地上绑再立起、幼儿扶着竹竿老师帮忙于顶端绑。而在过于拉紧绳子致房屋结构缩小、倾斜失衡时，能"推想"出将小屋用绳子绑在树边使其整体平衡的解决方法，并以行动"验证"（虽稳固而立还是有些微不平衡，但幼儿感到满意），这是很独特的想法与行动，出乎主教者意料；后来又有幼儿想出"绕的时候绳子要打结，就不会跑了"。并且以实际行动"验证"想法，最后解决问题，[优化]了小屋状态。当然这都是幼儿在过程中"观察""比较"小组成员彼此围绕绳子的方式，而"推想""沟通"并"验证"出来的。

（三）老师的教学——提供鹰架引导以助幼儿解决问题

当幼儿在工程过程中展现以探究为核心的行为时，主教者则在旁搭构合宜的鹰架，以助幼儿解决问题，尤其是以"语文鹰架"提问引导幼儿思考与行动。例如"三根竹竿要怎么摆放才能变成屋子的样子，形成屋子的形状？"引发幼儿想出三角鼎立状；"屋子由什么部分组成？"引发幼儿说出门、墙壁、屋顶并设想出以绳子做墙壁、一面不围当门；又"房子要稳固，进去才不会被碰倒，现在该怎么办？"引发幼儿将竹竿插入土中，增加稳固性。后来过于拉紧致使围绕的绳子向上滑动导致结构缩小失衡时，老师又提问："比较你用绳子围绕竹竿的方法跟别人围的有什么不一样的地方？""为什么你围绳子的时候，绳子会一直往上跑？怎么办？""为什么房子好像歪到一边，不平衡？怎么办？"引发幼儿认真思考、推想与以行动验证其想法是否能解决问题，最后终于稳固地结绑于树边（虽然还是有一点倾斜）。

其实本来在这样的小组活动中，幼儿表征其思考与以行动验证想法，也会发挥"同侪鹰架"的效果，彼此可相互激发与学习，再加上主教者请幼儿相互观察、比较彼此做法有何不同，也是在搭建"同侪鹰架"，让幼儿间相互观摩、发现问题，有机会精进自己的想法。老师提问房子的组成结构并确认幼儿知道各结构后，让幼儿制作，像这样给予简易有趣的任务与清晰的制作目标,无疑是一种"架构鹰架",指引了幼儿接续的行动方向。

综言之,幼儿不断探究、表征的整个工程过程,反映了主教者持续观察幼儿表现的事实,并不时地以鹰架引导、协助其解决问题及优化制作物,显现教师运作着以评量为核心的"探究、鹰架、表征"循环历程。

五、我是机器人!

本 STEM 探究活动大体上按照原教案进行,先以园里庆祝活动时大家可装扮成机器人,引起制作动机;接着引导幼儿搜寻平板电脑机器人图片与影片,并请幼儿思考如何运用纸箱制作能穿戴于身的机器人,在绘设计图后即动手制作。过程中解决纸箱尺寸与身体部位不符无法直接套入,如何制作成合身(手、脚部位)的穿戴式机器人的问题;最后贴上铝箔纸与装饰后,终于完成可穿戴装置的机器人(图 6-2-5a~f)。

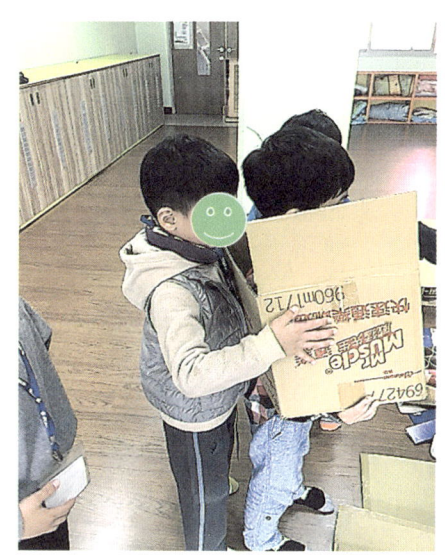

图 6-2-4a 我是机器人!

图 6-2-4b 我是机器人!

图6-2-4c 我是机器人!

图6-2-4d 我是机器人!

图6-2-4e 我是机器人!

图6-2-4f 我是机器人!

　　整体而言,幼儿很有反应,也很有想法,例如当老师播放影片时,幼儿争相发言,例如:"机器人长得很酷!""科博文也是机器人""老师!机器人长这样(扮鬼脸)!""机器人这样走路(做出同手同脚走的动作)。"续问机器人的特征、与人类有何异同时,幼儿也能如实回答:"机器人没有头发!""都有手和脚,还有身体。""头是正方形的,我们是圆形的!""机器人不用吃东西!"当老师问幼儿如何用纸箱做机器人时,幼儿也很有想法,他们了解机器人的部位结构与应如何运用纸箱制作,例如:"这个纸箱可以当头呢!""可以用纸箱做出机器人的手和脚,还有头,还有耳朵!""机器人要亮晶晶的,因为它的身体很硬。""纸箱太大了,要把它剪掉。""脚要先画线(意指测量幼儿脚的长度)!"总之在制作机器人穿戴装置时,幼儿探究、解决问题,体验纸箱与身体的空间及面积推理,完成可穿戴于身的平衡稳固且方便行动的机器人装置,大体上达成活动设计目标。

(一)幼儿的反应——展现以探究为核心之工程历程行为

幼儿一开始就能在老师引导下以平板电脑"搜寻数据"并仔细"观察"机器人影片,"比较"并说出它与人类有何异同,如上所述。在画[设计]图后进入[制作]阶段时,不仅能思考如何运用纸箱做机器人的各部位,不断"测量""比对"纸板与身体部位并做记号,而且在遇到问题时,也能设法解决。例如一位幼儿说:"你的脚太长了,会露出来!"幼儿回答说:"那再拿一个纸箱片粘起来就变长了(意指机器人穿戴装置变长)。"又如幼儿只剪一片纸箱片,只能围住脚的一面无法四面围住时,另一位幼儿就说:"我们要把脚围起来,也要做长一点的,用胶带全部粘起来。"幼儿不断"推想"、一面制作一面"沟通",并以行动"验证"想法,以解决问题且[改善]制作物。

(二)老师的教学——提供鹰架引导以助幼儿解决问题

当幼儿在工程过程中展现以探究为核心的行为时,主教者则在旁搭建合宜的鹰架,以助幼儿解决问题。例如一开始老师提供平板电脑引导幼儿上网搜寻影片与图片,让幼儿对机器人更有概念与想法,这是一种"材料鹰架",而且也是"架构鹰架",指引了接续的制作方向。再如主教者问如何用纸箱制作稳固且行动方便的机器人时,幼儿没有反应,此时主教者则先抛问哪一位幼儿要当机器人,接着依次引导幼儿如何做机器人的头部、身体部位与手脚部位,这就是一种"架构鹰架",当然也是"语文鹰架",将幼儿的注意力聚焦于制作可穿戴于身的机器人装置,而非机器人模型,引发幼儿直接用纸箱比对机器人模特儿的各部位,开始动手操作。

在制作过程中主教者不断以"语文鹰架"引导幼儿思考,有的纸箱尺寸可以直接套入如头部、躯干,而有些纸箱尺寸与身体部位不符时(如手、脚部位),老师则问:"为何不能用胶带把全部纸箱粘起来?""要怎么把纸箱穿在身上?"例如制作手部时主教者又说:"只有一片耶,要怎么穿?"幼儿答:"要把手包起来才能穿,跟身体一样包起来!"(身体是用一个较大纸箱制作直接套入)主教者又说:"那手要怎么样才能跟身体一样包起来?"当幼儿没有回答时,老师接着引导:"我们来数数看身体纸箱有几片。"幼儿答:"4片!"终于激发幼儿开始裁剪纸箱片(用4片连接包住手、脚部)、测量幼儿身体与连接纸箱片,以制作合身的机器人穿戴装置。此外,小组活动的安排即有一种"同侪鹰架"之效,有如以上遇到问题时,幼儿间表达想法彼此激发形同互搭鹰架。

综言之,在整个工程设计与制作历程中,幼儿不断地探究、表征,主教者则持续观察幼儿表现,并且不时地以鹰架引导、协助其合作解决问题及改善制作物,显现教师运作着以评量为核心的"探究、鹰架、表征"循环历程。

六、如何制作卷轴故事架?

本STEM探究活动大体上按照原教案进行,先提及卷轴故事架对说故事的方便性,接着夸赞幼儿是小工程师,让幼儿以小工程师自期,以引发其制作动机;然后引导幼儿利用平板电脑搜寻影片或图片,在绘画设计图后发下材料;接着请幼儿思考如何运用纸箱与水管制作能卷出图片背景的卷轴故事架,随即投入制作。过程中解决诸多问题,最后完成卷轴故事架(图6-2-5a~f)。

整体而言,幼儿很有热情,例如当老师引导幼儿查找平板电脑上的卷轴与卷轴故事架时,幼儿纷纷发言:"可以做一个小小电视机!""可以让每一张图画都看得到!""可以把图画纸卷起来!"续问生活中有什么东西可把纸卷起来时,幼儿回答:"卫生纸!""厨房纸巾!"这表明,幼儿对卷轴并不陌生。幼儿也很有想法,例如当老师问幼儿怎么样才知道卷轴的长度会太长或太短时,幼儿胸有成竹地回答:"可以量一下或是比比看,就知道会不会太长了。""可是还要留手把的部分才可以转动!"(限于时间未完成)对于制作卷轴也很有想法,例如:"两边(纸箱上与下面)都还要用剪刀挖洞,让水管可以穿过去。""水管有2.5厘米粗,所以挖的洞也要一样大才能穿过去。"在整个卷轴故事架制作历程中,幼儿探究、解决问题,也体验了转轴原理,完成可卷出背景图片的卷轴故事架制作物,大体上达成活动设计目标。

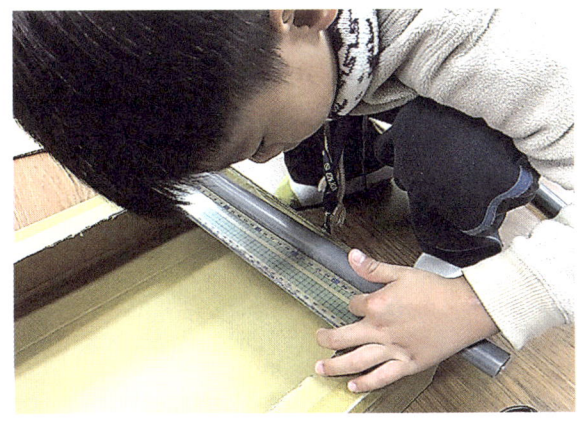

图6-2-5a 如何制作卷轴故事架？　　　　图6-2-5b 如何制作卷轴故事架？

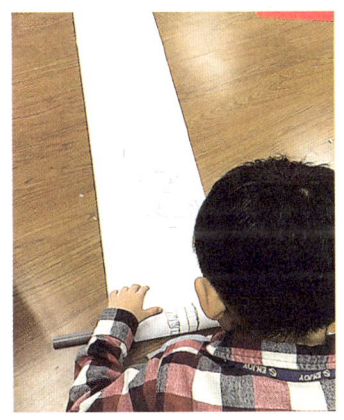

图6-2-5c 如何制作卷轴故事架？　　　　图6-2-5d 如何制作卷轴故事架？

图6-2-5e 如何制作卷轴故事架？　　　　图6-2-5f 如何制作卷轴故事架？

(一)幼儿的反应——展现以探究为核心之工程历程行为

开始主教者引导幼儿以平板电脑"搜寻数据"时,幼儿仔细"观察",思考生活中有何类似物品并能正确地说出。在绘画[设计]图后,幼儿着手[制作],而在制作中忙着"测量"、"比对"、做记号、裁剪、切割材料并一一克服挑战,例如:如何将一张张纸变成可拉长的卷轴?如何将卷起的纸张固定于转轴?如何制作能放入纸箱屏幕内的合宜尺寸卷轴?如何安装卷轴于纸箱屏幕内?幼儿也都能相互"沟通"合作解决问题,例如一幼儿问:"粘好的图片要怎么卷起来?"另一幼儿回答:"用水管帮忙卷图画纸!"又有幼儿说:"要把一头先固定,这样比较好卷进去!"另一幼儿说:"慢慢卷过来,另外一边也要用双面胶固定在水管上,这样就可以了。"可以说,整个制作过程都是在不断"观察""推论""沟通""预测"与以行动"验证"想法,最后完成并[优化]制作物,解决了问题。

(二)老师的教学——提供鹰架引导以助幼儿解决问题

当幼儿在工程历程中展现以探究为核心的行为时,主教者则在旁搭建合宜的鹰架,以助幼儿解决问题。例如主教者提供平板电脑,引导幼儿搜寻卷轴与卷轴故事架的图片与影片,而且试图与生活中的物品连接,让幼儿对制作的目标更有概念与想法,这是一种"材料鹰架",也具"架构鹰架"之效,指引了制作的方向;又先让幼儿绘设计图,确认幼儿理解卷轴故事架的结构组成,并引导依序制作,这也是一种"架构鹰架",让幼儿聚焦眼前任务。而小组活动的安排让幼儿间沟通、表征以共同解决问题,也发挥"同侪鹰架"作用,如以上幼儿合作解决问题的对话。

此外,主教者也以"语文鹰架"提问引导幼儿思考,例如:"要怎么知道图画纸的大小没有超过箱子?""要怎么知道卷轴长度不会太长或短呢?"引发幼儿测量及与实体比对行为,思考后续的制作程序。在幼儿制作的过程中,准确测量确实是较为困难的部分,老师均在旁予以协助,如幼儿拿尺测量,老师协助确认尺寸。此外,老师也引导幼儿思考各部分结构间的关系(水管转轴、图画纸、卷轴、纸箱屏幕),对于制作与精进确有帮助,如"卷轴图片要在电视机体的哪个地方?""屏幕要做在纸箱的哪边?"等等。

综言之，在整个设计、制作与精进的工程历程中，幼儿忙于探究、表征，而主教者持续观察幼儿表现，并不断以鹰架引导、协助其合作地解决问题及精进制作物，显现教师执行着以评量为核心的"探究、鹰架、表征"循环历程。

七、小结

这六个活动是研究生在笔者指导下共同设计，再经笔者审修而成，然后研究生们到幼儿园试行与记录教学状况。从以上实施纪实可看出，无可讳言的是，主教者的教学经验较为有限且无任何 STEM 教学经验，与前三节的资深有经验教师自然无法相比。但是大体而言，幼儿能在工程历程中运用各项探究能力，展现专注投入、解决问题与改善制作物的努力；主教者也能在幼儿探究与表征中，在旁观察且提供一些鹰架支持；而且最后幼儿均能产生制作物解决问题或克服挑战，显现这些 STEM 探究活动大致上设计合宜且对幼儿来说具有吸引力。试教者准备离园时，幼儿显然意犹未尽，询问"等一下还会有吗？""明天还会再来吗？"可以证明活动的吸引力。此外，这些 STEM 活动试教基本上也验证了本书第四章第二节所提出的幼儿、教师及师生互动三方面教学实施原则。补充说明的是，之所以让无 STEM 教学经验的研究生到园试行，除了在了解这些活动设计是否可行以及教学实施状况外，也想鼓励有心进行 STEM 教育的"新手教师们"勇于行动，着手尝试。

不过较为遗憾的是，因考虑到不造成园方困扰与材料携带方便性，难免在幼儿选择素材时，较为受限。然而工程制作本来就是在当前限制状况与必要要求下，做最佳的方案规划与选择，所以幼儿在这些 STEM 活动中都必须思考如何运用现有有限的工具、材料，以制作能解决问题或满足挑战的制作物。建议在园方实施时能多提供一些素材与工具，让幼儿得以选择制作，但也不能一次提供太多素材与工具，反而让幼儿无所适从，无法好好探究每种素材的特性，或造成浪费资源现象。素材与材料的提供最好适量地渐次增加，让幼儿有机会探索与熟悉不同的工具与材料。

笔者主张渐进实施课程转型或创新，建议想要试行者从一星期一两个个别活动做起，虽然可以不在主题脉络下设计与实施，但是最好还是在主题脉络下使前后活动有所关联，对幼儿较有情境意义，这也是本节 STEM 探究活动纪实与第五章第一节 STEM 探究活动设计示例存在的意义。如果已经根据指南或课纲实施课程或已走在主题探究课程之路的幼儿园，就可以在主题脉络下根据设计三步骤与三要素，实施幼儿 STEM 教育，如本章第一节到第三节大庄附幼的课程实例。而实施萌发性课程者在察觉到幼儿兴趣正生成课程前，也可私下参考这课程设计三步骤与三要素，据以整体规划与思考，以更符合幼儿 STEM 教育的精神与样貌。

第七章

幼儿 STEM 教育之省思与结论

　　虽然面对人工智能时代,各国各地区如火如荼地出台各项法令政策,大力推展 STEM 教育,甚至也向下延伸至学前阶段,然而当前中国台湾 STEM 教育的推展与落实仍面临一些挑战或问题。本章第一节即在省思这些挑战与提出一些因应策略,并在第二节对全书——《幼儿 STEM 教育——课程与教学指引》作出结论,以聚焦全书重点。

第一节　幼儿 STEM 教育之挑战与因应

幼儿 STEM 教育在今日之定位有如本书开宗明义所示,毋庸置疑,而且"十二年教育"提供 STEM 教育的发展契机与空间,使幼儿园可向上衔接,形成连续性教育;然而幼儿 STEM 教育之落地实施至今仍有诸多挑战或困境有待解套(周淑惠,2019)。而有困境或挑战自然必须加以面对或因应,最终方能达成培养具备未来时代能力公民的目标,故本节针对当前实施 STEM 教育之挑战与因应加以论述。

一、挑战

玛戈特和凯特勒(Margot & Kettler,2019)全面检视 2000—2016 年学术期刊之实证研究中有关 K-12 老师对 STEM 教育的认知,充分道出 STEM 教育的困境或挑战。该研究发现,老师们虽然都珍视 STEM 教育的价值,但大多认为存在许多实施上的障碍,例如教学上的挑战(如从教师主导角色转移至以学生为中心),课程上的挑战(尤其是各个学科领域间整合方面),结构上的挑战(传统学校的结构有碍 STEM 教育的执行,如班级作息、行政与财务、评量体系等),对学生的关切疑虑(如教师不相信学生有能力可运用知能于 STEM 问题中,以及教师认为学生没有意愿),对评量、时间与知识的关切疑虑(缺乏有质量的评量工具、工作增加致缩减规划的时间、职前及在职进修不合宜致缺少 STEM 学科领域知识),缺乏教师支持等。

林坤谊(2018)提出中国台湾地区推动 STEM 教育存在的一些挑战或问题,例如无论是职前或在职体系,均缺乏有系统的 STEM 教育培育,这直接导致教师无法在教室中落实;其次是缺乏多元、弹性且优质的 STEM 课程或教学活动,以供教师参考。中国 STEM 教育研究中心(2019)指出,中国大陆 STEM 教育前景广阔,然而教材师资与培训指导欠缺,需求巨大;在一项中国香港的自我效能问卷调查中,只有 5.53% 的教师认为他们对 STEM 教育充分准备好,教师执行 STEM 教育在信息、管理与结果三方面有强烈的关切疑虑,可见教师普遍对 STEM 教育认识不清,因此提供教师专业发展、教学支持与课程资源是赋能教师落实 STEM 教育之当务之急（Geng, Jong, & Chai, 2018）。以上研究显见教师对 STEM 教育之理解与知能有限及 STEM 教材缺乏，是港台两地的共通问题。

至于幼儿园方面，相关文献较为有限，在中国香港的一项深度访谈研究中发现，幼儿教师面临三大挑战：对 STEM 教育认识有限专业培训有待发展、难以落实与确立教学内容、受限于能力与财力无法制作或添置 STEM 教材（郑德礼，2018）。以上的发现似乎也围绕于对 STEM 的认识不清、知能有限。其他文献发现幼儿 STEM 教育之具体做法不一（Selly, 2017; Campbell, et al., 2018），教师的能力、实施阶段也互不相同（Linder, 2016）。综上文献，笔者根据长年幼儿园现场研究与辅导及 STEM 工作坊经验，归纳三项台湾幼儿 STEM 教育面临的挑战或问题如下（周淑惠，2019）。

（一）STEM 教学知能有限

STEM 教学知能包括 STEM 各领域——科学、技术、工程与数学之"内容知识"，幼儿教师一向惧怕数学、科学，尤其是一些科学原理，现又增加鲜少接触的工程与技术领域，想必教师的心理负担是沉重的。而 STEM 教学知能也包含 STEM "课程设计能力"，如整合性的课程设计，这是较艰难的部分，许多幼儿园习于分科教学，一般幼儿教师对统整性的主题课程设计也有所困难，现又加上偏理工的领域，难怪如第一章拜比（Bybee, 2013）指出了 STEM 领域整合的一些偏差观念或做法。最后 STEM 教学知能也包括"教学知识"特别是教学引导与互动能力，即幼儿进行探究时，要如何因应每位幼儿的"最近发展区"需求，以提供适切的引导鹰架。其实最根本的原因在于教师习惯于主导教学，不认为搭鹰架引导重要，也不知如何具体为之。

我们以为，STEM 知能不足当然无法在教室中自信教学、落实 STEM 教育，而 STEM 教学知能不足的部分原因是 STEM 教学信念匮乏，特别是持有教师主导观念的老师，可能是不信任幼儿具有解决问题的能力，也可能是教师自身日久成习，难以改变；而最直接导致 STEM 知能不足与教学信念匮乏之因，则是职前培育与在职进修机构皆很少涉及甚至完全未教导 STEM 教育，如以下论述。

（二）专业发展机制不足

如上所言，职前与在职系统皆鲜少触及 STEM 相关知能的培训，导致教师无法进行 STEM 教学与无从进行专业成长。纳德尔森（Nadelson）的研究显示，当教师有足够的学科内容知识与领域教学知识时，STEM 教学提升了（引自 Kelley & Knowles，2016）。根据研究者理解，目前在台湾也只有极少数师资培育机构开设 STEM 相关课程，STEM 职前师资培育明显匮乏；又领域整合是 STEM 教育的重点之一，其实师范院校强调统整教学由来已久，但是仍有一些教材教法是分科授课的，协同或统整教学总是落在理想层面，又何况是在幼儿园现场呢？一般主题课程都无法做到统整，难怪整合的 STEM 教育无法实现。最重要的是，不仅职前体系缺乏 STEM 相关知能培育，与现场幼儿教师成长息息相关的在职进修系统也相当匮乏，因此现场教师鲜有机会进行 STEM 方面的专业成长，又怎能要求教师落实 STEM 教育呢？也就是职前与在职专业发展机制匮乏，是当前普遍推行 STEM 教育所面临的重大挑战。

（三）幼教结构上的挑战

一般而言，教育政策的推行较易落实于公立幼儿园，然而，公幼系统在体制上大都隶属于公办小学，在 STEM 教材的添购及其他实施方面，或多或少都必须配合小学作业，也是必须关切的问题。又台湾公立、私立幼儿园的比例是 3∶7，显然公办幼儿园占比稍显不足。私立幼儿园因为必须面对广大家长的"不要输在起跑点"的学业取向要求，经常在理念与现实间与家长周旋共舞（刘慈惠，2007），导致形成美国著名幼教学者艾尔金德（Elkind，1981，1987）所指之"及早受教""揠苗助长"现象；近年来又由于"少子化"现象更加严重，幼儿园深陷生存危机，为求生存，多半会取悦家长，实施分科与才艺教学，无法顾及专业质量（吴珍梅，2007）。

所幸目前有一些幼儿园也许真正了解 STEM 教育之时代意义，又或欲以 STEM 挂帅吸引家长，纷纷想投入 STEM 教育，但若幼教整体结构上未改变，多数幼儿园仍必须与家长共舞，有些幼儿园则在各方面必须配合小学，再加上知能有限与专业发展机制不足，这一热潮很容易昙花一现或付诸流水。鉴于 STEM 教育于 AI 时代的定位及各国已将 STEM 教育向下延伸至幼儿阶段,教育有关部门似应开始关注幼儿 STEM 教育及其推展与落实问题。

二、因应

笔者提出以工程为核心与主要历程的严谨 STEM 教育定义,崇尚多领域整合的幼儿 STEM 教育。鉴于坊间幼儿教育现况与幼儿 STEM 教育各种挑战,提出以下三项因应措施(周淑惠,2019)。

(一) 重构专业发展系统

当前幼儿 STEM 教育的第一项挑战就是教师 STEM 教学知能有限,包含各领域内容知识、整合的课程设计与教学引导知能等。根据研究报道,教师认为良好的设计与经常可及的专业学习机会,会促进成功的 STEM 教学行动(Margot & Kettler, 2019),因此针对教师普遍面临 STEM 教学知能有限的问题,无论是职前培育还是在职进修系统,当以此为念,重新架设课程内涵,包括 STEM 各领域知能、整合性课程设计与鹰架引导能力等。也就是说,各师资培育机构应以培育能面对未来世界的课程与教学知能为主要目标与思考,勇于开创新课程与新局面,另外在职进修机构也要针对现场教师的需求,统整规划与设计一系列初阶到进阶的 STEM 相关课程。值得注意的是,要特别注重统整性课程设计,因为整合特性是 STEM 课程设计的重心,要让老师具有理论上的理解与实际教学的能力,诚如凯利和诺里斯(Kelley & Knowles, 2016)指出,培训 STEM 教师的关键,在于对整合特性的 STEM 教育要有概念上的理解,无论是职前或在职训练均要提供整合性 STEM 教育的概念架构,并且在整合取向的 STEM 教学中建立信心。

(二) 政策关注与奖励

当前普行 STEM 教育可行之道有二。首先最重要的是,教育有关部门在政策、财务与法令上的实质关注与挹注,有如世界各国各地区的具体做法,并将 STEM 教育精神纳入课纲;至于政策上的奖励措施,建议以多元方式鼓励幼儿园落实 STEM 教育,鼓励方式可以是精神上的奖励,也可以是物质上、权利上的优惠等,例如提供经费直接补助幼儿园 STEM 教材之购置(含公立、私立幼儿园),以政府力量举办 STEM 教育相关奖项比赛,举办实施STEM教育成功的幼儿园的教学观摩并予以优渥补助等。其次是在合理范围内缩小公私立幼儿园的数量差距,让更多的幼儿园实施教育部门颁布的纳入STEM教育精神的课纲,以达STEM教育更加普行目的,因为若过多的幼儿园为求生存必须经常与家长传统的分科与才艺教学理念共舞,就很难落实与普及STEM教育了。

(三)逐步渐进实施

建议有心实施STEM教育者在配合专业发展的同时,采取渐进慢行原则,诚如瓦斯奎兹(Vasquez,2015)所指,整合的STEM经验需要时间准备,所以首须慢行;亦即在可承受的适度压力下与逐步修正中一点一滴地累积经验、建立信心,包含实施时间、实施情境、课程设计、师生权力、领域整合等诸方面的渐进实施。首先在实施时间方面,可从一星期一两次STEM探究活动开始尝试,到一星期所有时段全面实施;其次在实施情境方面,可从少数区角逐渐加多区角,至小组活动、全班活动;接着在课程设计方面,可从预先设计(如从绘本情境问题中延伸)到在生活与游戏中生成课程或活动;再次在师生权力运作方面,可从教师指导逐渐下放权力,至师生间共构状态;最后在领域整合方面,宜由一两个领域开始进展到多学科间的统整境界。

第二节　幼儿 STEM 教育之结论

本节旨在综合本书《幼儿 STEM 教育——课程与教学指引》之重要结论,让读者聚焦于本书所传达的重要讯息并进一步思考或行动,期盼幼儿 STEM 教育能真正普行,以培育能适存于未来人工智能时代的公民。兹将本书之重要结论列点如下。

一、STEM 教育在当代与幼儿教育中之重要定位

STEM 教育的意涵为:针对生活中的问题,通过工程的设计、制作与精进的核心活动,以课程与教学主轴,历程中整合运用科学与科学探究、数学与数学思考以及技术与工具等,以产生制作物且解决实际的问题。STEM 教育的四个特征是:面对生活真实问题之"解决问题取向",运用探究能力以求知与理解之"探究取向",依赖设计、制作与精进之"工程活动",运用科学、数学、技术等领域之"统整性课程"。

在人工智能时代,STEM 教育已成为世界各国制定法令政策且不遗余力推展的重要工作,甚而向下延伸至学前或婴幼儿阶段。未来人工智能时代,不仅对 STEM 相关素养要求剧增,而且特别需要具创造力、探究力与合作共构力的公民,而以产生制作物历经探究及解决问题为特征的 STEM 教育正好可以培育这些能力。此外,本书确立 STEM 教育在幼儿阶段的定位,不仅基于考虑未来时代的特性与能力需求,也思及顺应幼儿阶段的好奇特性与脑发展关键期,更重要的是,确信幼儿 STEM 教育实施的可行性,因此如同其他学者般,笔者也呼吁 STEM 教育宜自幼开始实施。

二、STEM 教育奠基于软硬件基础——探究取向主题课程、STEM 探索物理环境

软硬件基础奠下幼儿 STEM 教育的根基,根基牢固则易于生长茁壮。硬件基础——"STEM 探索物理环境"建立在安全、健康且丰富的环境之上,并纳入 STEM 相关元素即数学、科学、工程与技术层面的探索,包含各班区

角环境与各类玩教具(一般性玩教具,供探究、制作的工具与材料,运用科学原理自制玩教具),公共空间与户外区域(聚焦于四项元素:自然元素、附加零件、游戏器材结构、户外艺术与其他)。幼儿园若意欲实施 STEM 教育,通常先进行硬件基础扎根工作,因为环境是一大激励因素,会带动投入 STEM 教育的情绪;而且先建置 STEM 探索物理环境,也会展现探究氛围,易于奠下软件基础——"探究取向主题课程"。

探究取向主题课程强调运用"科学程序能力"即探究力解决生活中的议题,与 STEM 教育关系密切,如表 2-3-1 所示。它也重视解决生活中的问题、探究、整合课程,只不过它强调多元表征方式,不限于与工程程序有关的制作物,强调运用与整合通泛的各领域知识,不特别强调 STEM 的几个领域。事实上,很多探究取向主题课程在探究与解决历程问题中,也会运用 STEM 各领域,并且历经工程程序产生制作物。其实课纲也强调探究精神、解决问题与整合课程,所以只要在主题探究课程进行中,多导向以制作物解决问题,自然会历经工程程序,即如同实施幼儿 STEM 教育。

三、STEM 教育可资参照的课程架构

研究者基于多年钻研的主题探究课程,参考幼儿 STEM 教育坊间课程与相关文献,实地参访 STEM 园所,并思考如何传递问题与挑战,逐渐发展"幼儿 STEM 教育之课程架构"(图 3-1-1)。此课程架构以在生活与环境探究为纬度,以解决生活问题(含生活、游戏、绘本或假想情境)为经度,经纬纵横交织而成幼儿 STEM 课程体系。而在课程源起向度(预设、萌发)与形式向度(活动、主题)交织下,共计四大类(12 小类)幼儿 STEM 课程(表 3-2-1)。为鼓励新手 STEM 教师尝试,笔者建议从简单且预设的 STEM 探究活动开始实施,再进阶到萌发的 STEM 探究主题。

在此课程架构下具体实施方法有六:① 优化户内外环境并容许幼儿在环境中探索;② 选定生活和游戏中问题与幼儿共构 STEM 课程;③ 善以绘本或假想情境为渠道让幼儿入戏解决问题或面对挑战;④ 以预设课程增教师信心与备幼儿探索舞台;⑤ 课程设计反映探究、解决问题、工程活动与领域整合四特征;⑥ 逐渐减少教学主导并提供适当鹰架。这些方法即为幼儿

STEM 课程设计与实施原则之综合写照。

四、STEM 教育之课程设计三步骤与三要素

为了确保课程反映 STEM 特色,除了遵照第二章第三节建议——立基于主题探究课程,多加导向以制作物解决问题,并检视 STEM 各领域成分外,亦可遵照课程设计三步骤而行:① 选定问题与设计——教师寻找及预思生活、游戏、绘本或假想情境中值得面对的挑战或待解决的问题,然后加以设计课程或活动内涵;② 教师先行探究问题内涵——了解与回答几个英文字母 W 与 H 开头的提问,即"为何做?""做什么?""如何做?""在哪里做?""需要多少?"③ 分析 STEAM 要素与调整——即分析科学、技术、工程与数学等各领域成分,并且据以适当调整,以便更能符合 STEM 教育精神与特性。不过这三个步骤有些部分相互重叠进行着(图 4-1-1),端视教师对待解决问题或挑战的知能与信心状况而定。

幼儿 STEM 教育的课程设计有三个课程与教学要素必须考虑——教学目标、教学内容、教学方法,三者各有其重要内涵,必须在设计时有所顾及(图 4-1-2),教学目标要素有引发好奇与探究行动、培养解决问题能力,教学内容要素有生活化的设计、伴随开放有趣教材的游戏、跨领域的设计,教学方法要素有充实与运用区角及户外环境、多以小组取代团体活动、引导幼儿运用探究能力。以上这些要素也反映了 STEM 教育的四项特征——问题解决、探究、工程程序、学科整合。无论是活动式 STEM 探究还是主题式 STEM 探究,均可遵循这三步骤与三要素设计原则。

五、STEM 教育之课程实施指导原则

笔者依据幼儿 STEM 教育之意义与特征及现场辅导经验,分别从幼儿、教师及教学互动三个层面,提出幼儿 STEM 教育之课程实施指导原则。首先幼儿层面是体验以探究为核心之"设计、制作、精进"历程(图 4-2-1);其次教师层面是运作以评量为核心之"探究、鹰架、表征"循环历程(图 4-2-3);最后师生互动层面是在幼儿工程历程中教师搭建以评量为

核心的鹰架(图4-2-4)。

以上第四点设计步骤及要素与第五点实施指导原则,分别在本书第五章与第六章呈现设计示例与课程实例,以将理论与实务连接,让教师知其然也知所以然。本书鼓励新手STEM教师从预设、简易的STEM探究活动开始试行,再渐进至以主题脉络统整的STEM探究课程,故第六章课程实例部分除了呈现有经验教师的STEM探究主题课程外,也呈现个别STEM探究活动,期望对新手教师有所帮助。

六、当前STEM教育之挑战与因应

台湾当前幼儿STEM教育的挑战或困境有:STEM教学知能有限(内容知识、课程设计能力、教学知识等),专业发展机制不足(在职与职前进修体系课程匮乏),幼教结构上的挑战(政策法令面向、公私幼比例)。针对这些挑战,笔者提出因应之道为重构专业发展系统(包含在职与职前进修体系之全面课程创新),政策关注与奖励(在政策上支持与奖励、与时俱进地将STEM精神明确纳入课纲、合理调整公私幼比例等),渐进逐步实施(由个别STEM探究活动至以主题脉络统整的STEM探究课程,由预设的至萌发的课程等)。

在坊间STEM教育的实施上确实存有诸多迷思,值得我们省思。例如,以为幼儿园有机器人或插电玩教具就是进行STEM教育,其实这只是展现STEM的技术层面,是否实施STEM教育取决于幼儿是否真正地运用探究力去历经解决问题的过程,并伴随制作物或特定效果的产生。而且很重要的是,STEM教育不限于室内,广大户外自然环境与素材都是进行STEM教育的大好场域,在户外进行STEM探索同时也能增进体能发展与健康,实一举两得也。

再次提醒的是,在幼儿教育上我们强调全人发展,本书所提倡的STEM教育是基于统整性的主题探究课程,着重各领域均衡发展含社会、情绪、语文、健康、艺术等,不仅有科学、技术、工程、数学。课程改革专家富兰(Fullan,1993)指出,面对未来时代,每一位教育者均应具有"道德使命",以培育能生存于未来纪元的儿童为念,因此,让我们共同携手从幼儿阶段开始实施以探究、解决问题、工程历程与整合课程为特色的幼儿STEM教育,并针对所面临的挑战或问题机智地加以因应或解决。

参考文献

中国STEM教育研究中心(2019).中国STEM教育调研报告.取自https://mp.weixin.qq.com/s/FsUNJG9nqeoLVfBMFjXcAA.

田育芬(1987).幼儿园活动室空间安排与幼儿社会互动关系之研究.载于台湾学校建筑研究学会(主编),幼儿园园舍建筑与学前教育(264-293).台北:台湾书店.

方朝郁(2018).自造者教育在十二年教育校定课程之发展模式:学校本位课程的观点.教育研究月刊,288,69-84.

朱佩祯、曾淑惠(2018).创课教育实践于12年教育课程之评析.台湾教育评论月刊,7(3),160-163.

李如滢(2018).幼儿科学之行动研究.(未出版之硕士论文).新竹:台湾清华大学.

周淑惠(2006).幼儿园课程与教学:探究取向之主题课程.台北:心理出版社.

周淑惠(2011).创造力与教学:幼儿创造性教学理论与实务.台北:心理出版社.

周淑惠(2017a).面向21世纪的幼儿教育:探究取向主题课程.新北:心理出版社.

周淑惠(2017b).STEM教育自幼开始——幼儿园主题探究课程中的经验.台湾教育评论月刊,6(9),169-176.

周淑惠(2018a).具STEM精神之幼儿探究课程纪实:"一起创建游戏乐园"主题.新北:心理出版社.

周淑惠（2018b）.婴幼儿STEM教育与教保实务.新北:心理出版社.

周淑惠（2018c）.幼儿园学习环境规划.北京:北京联合出版公司.

周淑惠（2019）.幼儿STEM教育之定位、实施与挑战.载于张芬芬、谢金枝主编,课程与教学学会策划,十二年教育2019年课纲实施与问题因应.台北:五南图书出版公司.

林坤谊（2018）.STEM教育在台湾推行的现况与省思.青年研究学报,21(1),107-115.

吴珍梅（2007,10月）.学校与家庭之互动:幼儿园亲师冲突中性别与权力意涵之分析.论文发表于台湾女性学学会、高雄师大性别教育研究所主办之"台湾女性学会暨高师大四十周年校庆"学术研讨会,高雄市.

马瑞莲·弗里尔（Fleer, M.）（2019）.概念性游戏世界:推动游戏与儿童学习结合的新途径.学前教育研究,299,73-79.亦见 https://www.monash.edu/conceptual-playworld/about.

张俊、张蓓蕾（2016）.幼儿园STEM综合教育——概念、理念及实践构想.科学大众·STEM,880(12),2-5.

张晓琪（2019）.美国跨领域教学趋势:从STEM到STEAM的转化.教育研究月刊,300,36-46.

叶晓雯（译）（2001）.Klintin, L.（著）（1999）.小布修东西.台南:企鹅图书.

台中爱弥儿教育机构、林意红（2013）.甘蔗有多高？幼儿测量概念的学习（第二版）.台北:信谊出版社.

欧用生（1993）.课程发展的基本原理.高雄:复文图书出版社.

刘慈惠（2007）.幼儿家庭与学校合作关系:理论与实务.台北:心理出版社.

郑德礼（2018）.在香港幼儿园推行STEM教育的挑战之初探.香港教师中心学报,17,223-239.

Barbre, J. G. (2017). *Baby steps to STEM: Infant and toddler science, technology, engineering, and math activities*. St. Paul, MN: Redleaf Press.

Beane, J. (1997). *Curriculum integration: Designing the core of democratic education*. New York: Teachers College Press.

Bell, T. Witten, I. H., & Fellows, M. (2016). *Computer Science Unplugged: An enrichment and extension programme for primary-aged children.* Retrieved from https://ir. canterbury. ac. nz/bitstream/handle/10092/247/12584508_Main. pdf? sequence=1&isAllowed=y.

Bers, M. U. (2017). The Seymour test: Powerful ideas in early childhood education. *International Journal of Child-Computer Interaction*, 14, 10 – 14. http://dx. doi. org/10. 1016/j. ijcci. 2017. 06. 004. https://sites. tufts. edu/devtech/files/2018/02/ seymour-test-2017. pdf.

Bredekamp, S. (2017). *Effective practices in early childhood education: Building a foundation* (3rd ed.). Upper Saddle River, NJ: Pearson.

Bybee, R. W. (2010). Advancing STEM: A 2020 vision. *Technology and Engineering Teacher*, 70(1), 30 – 35.

Bybee, R. W. (2013). *The case for STEM education: Challenges and opportunities.* Arlington, VA: NSTA Press.

Bybee, R. W. , Taylor, J. A. , Gardner, A. , Van Scotter, P. , Powell, J. C. , Westbrook, A. , & Landes, N. (2006). *The BSCS 5E instructional model: Origins and effectiveness.* Retrieved from https://bscs. org/sites/default/files/_media/about /downloads/BSCS_5E_Full_Report. pdf.

Campbell, D. M. , & Harris, L. S. (2001). *Collaborative theme building: How teachers write integrated curriculum.* Needham Height, MA: Allyn & Bacon.

Campbell, C. , Speldewinde, C. , Howitt, C. , & MacDanald, A. (2018). STEM practice in the early years. *Creative Education*, 9, 11 – 25. doi:10. 4236/ce. 2018. 91002.

Chubb, I. (2013). *Science, technology, engineering and mathematics in the national interest: A strategy approach.* Canberra: Office of the Chief Scientist, Australian Government. Retrieved from https://www. chiefscientist. gov. au/wp-content/uploads/STEMstrategy290713FINALweb. pdf.

Counsell, S. , Escalada, L. , Geiken, R. , Sander, M. , Uhlenberg, J. , Van Meeteren, B. , …Zan, B. (2016). *STEM learning with young children: Inquiry teaching with ramp and pathways.* New York, NY: Teachers College Press.

Day, D. E. (1983). *Early childhood curriculum: A human ecological approach.* Glenview, IL: Scott, Foresman and company.

Dubosarsky, M., Cyr, M., Bostwick, C., & Grudoff, C. (2016, November). *Seeds of STEM: Problem-based early childhood STEM curriculum.* Massachusetts STEM Summit, Worcester, MA. Retrieved from https://sostem.files.wordpress.com/2016/02/seedsofstem_stem-summit-2016.pdf.

John, M. S., Sibuma, B., Wunnava, S., Anggoro, F. and Dubosarsky, M. (2018). An iterative participatory approach to developing an early childhood problem-based STEM curriculum. *European Journal of STEM Education*, 3(3), 07. Retrieved from https://files.eric.ed.gov/fulltext/EJ1190775.pdf.

Edwards, C., Gandini, L., & Forman, G. (Eds.). (1998). *The hundred language of children-the Reggio Emilia approach: Advanced reflections* (2nd ed.). Norwood, N. J.: Ablex.

Elkind, D. (1981). *The hurried child: Growing up too fast too soon.* Reading, MA: Addison-Wesley.

Elkind, D. (1987). *Miseducation: Preschools at risk.* New York, NY: Alfred Knopf.

Englehart, D., Mitchell, D., Albers-Biddle, J., Jennings-Towle, K., & Forestieri, M. (2016). *STEM play: Integrating inquiry into learning centers.* Lewisville, NC: Gryphon House.

English, L. D. (2016). STEM education K-12: Perspectives on integration. *International Journal of STEM Education*, 3(3). doi.org/10.1186/s40594-016-0036-1.

Essa, E. (1992). *Introduction to early childhood education.* Albany, New York: Delmar Publishers.

Frost, J. L. (1992). Reflection on research and practice in outdoor play environments. *Dimensions of Early Childhood*, Summer, 6–10.

Fullan, M. (1993). *Change forces: Probing the depths of educational reform*. London, UK: The Falmer Press.

Geng, J., Jong, M. SY., & Chai, C. S. (2018). Hong Kong teachers' self-efficacy and concerns about STEM education. *Asia-Pacific Education Researcher*, 28(1), 35–45. https://doi.org/10.1007/s40299-018-0414-1.

Gonzalez-Mena, J., & Eyer, D. W. (2018). *Infants, toddlers, and caregivers: A curriculum of respectful, responsive, relationship-based care and education*. (11st ed.) New York: McGraw-Hill.

Heroman, C. (2017). *Making & tinkering with STEM: Solving design challenges with young children*. Washington D.C.: National Association for the Education of Young Children.

Kazakoff, E., & Bers, M. U. (2014). Put your robot in, put your robot out: Sequencing through programming robots in early childhood. *Journal of Educational Computing Research*, 50(4). Retrieved from https://ase.tufts.edu/devtech/pub lications/Kazakoff%20Put%20Your%20Robot%20In.pdf.

Katz, L. G. (2010, May). STEM in the early years. Paper presented at the *STEM in Early Education and Development Conference*. Cedar Falls, IA. Retrieved from http://ecrp.uiuc.edu/beyond/seed/katz.html.

Kelley, T. R., & Knowles, J. G. (2016). A conceptual framework for integrated STEM education. *International Journal of STEM Education*, 3(11). doi.org/10.1186/s40594-016-0046-z.

Krajcik, J., & Delen, I. (2017). Engaging learners in STEM education. *Eesti Haridusteaduste Ajakiri*, nr 5(1), 35–38. Retrieved from http://ojs.utlib.ee/index.php/EHA/article/view/eha.2017.5.1.02b/8467.

Krogh, S. L., & Morehouse, P. (2014). *The early childhood curriculum: Inquiry learning through integration* (2nd ed.). New York, NY: Routledge.

Land, M. H. (2013). Full STEAM ahead: The benefits of integrating the arts into STEM. *Procedia Computer Science*, 20, 547–552.

Lange, A. A., Brenneman, K., Mano, H. (2019). *Teaching STEM in the preschool classroom*. New York: Teachers College Press.

Linder, S. M., Emerson, A. M., Heffron, B., Shevlin, E., & Vest, A. (2016). STEM use in early childhood education: Viewpoints from the field. *Young Children*, 71(3), 87–91.

Logan, T., Lowrie, T., & Bateup, C. (2017). Early learning STEM Australia (ELSA): Developung a learning program to inspire curiosity and engagement in STEM cincepts in preschool children. In A. Downton, S. Livy, & J. Hall (Eds.), 40 *years on: We are still learning! Proceedings of the 40th Annual Conference of the Mathematics Education Research Group of Australasia* (pp. 617–620). Melbourne: MERGA. Retrieved from https://eric.ed.gov/? id=ED589418.

Margot, K. C., & Kettler, T. (2019). Teachers' perception of STEM integration and education: A systematic literature review. *International Journal of STEM Education*, 6(2), 1–16. doi.org/10.1186/s40594-018-0151-2.

Marrero, M. E., Gunning, A. M., & Germain-Williams, T. (2014). What is STEM education? *Global Education Review*, 1(4), 1–6.

McClure, E. (2017). More than a foundation: Young children are capable STEM learners. *Young Children*, November, 83–89.

McClure, E. R., Guernsey, L., Clements, D. H., Bales, S. N., Nichols, J., Kendall-Taylor, N., & Levine, M. H. (2017). *STEM starts early: Grounding science, technology, engineering, and math education in early childhood*. New York: The Joan Ganz Cooney Center at Sesame Workshop. Retrieved from https://joanganzcooneycenter.org/wpcontent/uploads/2017/01/jgcc_stemstartsearly_final.pdf.

Moomaw, S. (2013). *Teaching STEM in the early years: Activities for integrating science, techonology, engineering, and mathematics*. St. Paul, MN: Red Leaf Press.

Moore, T. J., & Smith, K. A. (2014). Advancing the state of the art of STEM integration. *Journal of STEM Education*, 15(1), 5–10.

Museum of Science, Boston (2016—2018). EiE WeeEngineer: Noisemakers preview guide. Retrieved from https://cdn2. hubspot. net/hubfs/436006/PDF_Files/Wee%20Engineer%20Noisemakers%20Preview. pdf?_hstc=97864128. 0274f76d0e879b33312492e9a969c244. 1562997404645. 1580297110974. 1580298594522. 7&_hssc=97864128. 12. 1580298594522&_hstc=97864128. d3fbcd97f33d7a34df1466008b9a6872. 1549572990812. 1564059229532. 1564064259754. 318&_hssc=97864128. 2. 1564064259754&submissionGuid=bcba143a-2d77-493a-a505-c148683d77b8.

Museum of Science, Boston (2019). EiE for kindergarten: Unit preview. Retrieved fromhttps://cdn2. hubspot. net/hubfs/436006/PDF_Files/EiEK%20Prep%20 Lessons. pdf?_hstc=97864128. 0274f76d0e879b33312492e9a969c244. 1562997404645. 1580297110974. 1580298594522. 7&_hssc=97864128. 17. 1580298594522&_hstc=97864128. d3fbcd97f33d7a34df1466008b9a6872. 1549572990812. 1564059229532. 1564064259754. 318&_hssc=97864128. 8. 1564064259754&submissionGuid=8cf0d4f7-8d23-4b0a-a032-24d27830c5d0.

Nadelson, L. S., & Seifert, A. L. (2017). Integrated STEM defined: Contexts, challenges, and the future. *The Journal of Educational Research*, 110(3), 221–223. DOI: 10. 1080/00220671. 2017. 1289775.

National Research Council[NRC]. (2000). *Inquiry and the national science education standards: A guide for teaching and learning*. Washington, DC: National Adademy Press. Retrieved from https://www. nap. edu/read/9596 /chapter/1.

National Research Council[NRC]. (2009). *Engineering in k-12 education: Understanding the status and improving the prospects*. Washington, D. C. : National Academy Press.

National Research Council[NRC]. (2013). *Next generation science standards.* Retrieved from https://www. nextgenscience. org/three-dimensions and https://www.nap.edu/read/13165/chaper/7#42.

National Scientific Council on the Developing Child. (2007). *The science of early childhood development* (In Brief). Retrieved from http://www.developingchild.harvard.edu.

National Academy of Engineering [NAE] & National Research Council [NRC]. (2014). STEM integration in K-12 education: Status, prospects, and an agenda for research. Washinton, D. C.: National Academies Press.

Ornstein, A. C., & Hunkins, F. P. (2017). *Curriculum: Foundations, principles, and issues* (7th ed.). Boston: Pearson.

Rivkin, M. (1995). *The great outdoors: Restoring children's right to play outside.*

Washington, D. C.: National Association for the Education of Young Children.

Sousa, D. A., & Pilecki, T. (2013). *From STEM to STEAM: Using brain-compatible strategies to integrate the Arts.* Thousand Oaks, CA: Corwin.

Selly, P. T. (2017). *Teaching STEM outdoors: Activities for young children.* St. Paul, MN: Red Leaf Press.

Sharapan, H. (2012). From STEM to STEAM: How early childhood educators can apply Roy Roggers' approach. *Young Children, January*, 36–41.

Stone-Macdonald, A., Wendell, K., Douglass, A., & Love, M. (2015). *Engaging young engineers: Teaching problem-solving skills through STEM.* Baltimore, ML: Paul H. Brookes.

Strimel, G., & Grubbs, M. E. (2016). Positioning technology and engineering education as a key force in STEM education. *Journal of Technology Education*, 27(2), 21–36. Retrieved from https://scholar.lib.vt.edu/ejournals/JTE/v27n2/strimel.html.

Tank, K. M., Pettis, C., Moore, T. J., & Fehr, A. (2013). Designing animal habitats with kindergartners: Hamsters, picture books, and engineering design. *Science and Children*, 50(9), 39–43. Retrieved from http://picturestem.org/wp-content/uploads/2014/12/SciChild_Hamsters2013.pdf.

Tank, K. M., Moore, T. J., Pettis, C., & Gajdzik, E. (2017). *Picture STEM: Design Paper Basket*. Purdue University Research Foundation. Retrieved from http://pictures tem.org/wp-content/uploads/2017/07/PictureSTEM-Designing-Paper-Baskets_July-2017.pdf.

Texley, J., & Ruud, R. M. (2018). *Teaching STEM literacy: A constructivist approach for age 3–8*. St. Paul, MN: Red Leaf Press.

Tippett, C. D., & Milford, T. M. (2017). Findings from a pre-kindergrten classroom: Making the case for STEM in early childhood education. *International Journal of Science and Math Education*, 15(1), 67–86.

United Nations, Educational, Scientific, and Cultural Organization [UNESCO]. (1996). *Learning: The treasure within*. Retrieved from http://unesdoc.unesco.org/images/0010/001095/109590eo.pdf.

US Department of Education. (2016). *STEM 2026: A vision for innovation in STEM education*. Retrieved from https://innovation.ed.gov/files/2016/09/AIR-STEM 2026_Report_2016.pdf.

Vasquez, J. A. (2015). STEM: Beyond the acronym. *Educational Leadership*, 72(4), 10–15.

Zan, B. (2016). Introduction: Why STEM? Why early childhood? Why now? In *STEM Learning with young children: Inquiry teaching with ramp and pathways* (pp. 1–7). New York: Teachers College Press.

后　记

　　这本书《幼儿STEM教育——课程与教学指引》汇整了幼儿STEM教育的相关文献,并且综合敝人的STEM教育工作坊、大学教学、幼儿园辅导及机构参访等相关经验,提出幼儿STEM教育课程架构、幼儿STEM教育开展之软硬件基础、幼儿STEM教育之课程设计与实施原则,此外还佐以鲜活的课程实例以为呼应。无论是对想实施主题式STEM教育的有经验主题课程教师,或是对想从一两个活动开始尝试STEM教育的新手教师,都有所帮助;更可作为师资培育的教科书如教育实习、教材教法与幼儿园课程设计等科目,以及可作为在职进修、研习与培训的材料,当然也是硕士班课程与教学专题的良好教材。

　　全书第一章为幼儿STEM教育之基本认识,说明STEM教育是什么与为什么;第二章强调幼儿STEM教育之软硬件基础,为幼儿STEM教育之开展而奠基;第三章乃综合文献与专业经验,提出幼儿STEM教育之课程架构与类型;第四章阐说课程应如何设计,包含设计三步骤与三要素,以及从教师、幼儿与教学互动三个方面说明课程应如何实施;第五章承续第四章提出课程设计示例,包含以绘本情境设计STEM探究活动的例子;第六章佐以鲜活的课程实例,包含第一节到第三节的三个STEM探究主题(以主题脉络统整所有探究活动)与第四节的六个STEM探究活动(个别性的STEM活动);最后一章则提出幼儿STEM教育之省思,包含挑战与应对策略,以及对全书作出结论。